당신은 누구와 살고 있습니까?

당신은 누구와 살고 있습니까?

tvN 〈판타스틱 패밀리〉 제작팀 지음

중앙books

프롤로그

당신은
지금 누구와
살고 있나요?

tvN이 10주년 특집으로 기획한 〈판타스틱 패밀리〉는 가족의 이야기를 다룬 다큐멘터리다. 특집으로 고르고 고른 아이템이 그 흔한 가족이냐고 물을 수도 있겠지만, 내용을 들여다보면 꼭 그렇지만은 않다. 세상의 모든 것을 순식간에 바꿔놓은 스마트 혁명과 IT 문명의 위력은 가족에게도 예외가 아니었다. 제작진이 목격한 지금 이 시대의 가족은 존재와 개념, 그리고 구성원의 범위에 있어서 무서운 속도로 변하고 있었다.

'가족은 핏줄'이라는 당연한 생각과 달리 현실에선 핏줄이 아닌 관계로 맺어진 가족이 곳곳에서 출현하고 있다. 현실과 생각의 차이는 진통을 겪게 마련이고, 가족이라고 예외일 순 없다. 전 세계적으로 '기가 차는' 가족이 나타나고 있고, 그걸 지켜보는 사람들은 '가족이 어쩌다 이 지경이 됐을까!'라며 안타까운 듯 혀를 찬다. 하지만 정말 그럴까? 〈판타스틱 패밀리〉 제작진은 가족의 변화가 어쩌면 '이 지경'이라는 말이 나올 만큼 비참한(?) 쪽으로 흘러가는 것은 아닐지도 모른다는 의문과 가설에 대해 고민해보기 시작했다.

로봇을 위해 천도재를 지낸다?

〈판타스틱 패밀리〉의 결정적 모티브는 '반려 로봇을 위해 천도재를 지내는 사람들의 존재'였다. 미국의 뉴욕타임스가 만든 다큐멘터리 〈The Family Dog〉는 로봇을 가족으로 둔 사람들의 이야기를 다루고 있다. 애완용 감정로봇 강아지 아이보(AIBO)와 오랜 시간을 보낸 사람들이 더 이상 작동하지 않는 아이보의 합동 장례식을 치른다는, 팩트만 놓고 보면 해외 토픽에나 나올 법한 황당 스토리이다.

그런데 실제로 접한 영상 속 사람들의 모습은 진지하다 못해 뭉클했다. 그들은 인간을 추모하는 방식 그대로 자신의 곁에서 행복을 주고 떠나는 로봇들에게 사랑을 담아 조의를 표했다.

가족은 참 양면적인 의미를 안고 있는 존재다. 행복이면서 슬픔이고, 삶의 원동력이기도 하지만 때론 짐이다. 없어서는 안 될 존재이면서도 벗어나고 싶게 만드는 부담이기도 하다.

버리고 싶어도 버리지 않는, 인생의 행복과 좌절을 한 번에 안기는 가족은 정말 이해하기 힘든 존재다. 이해할 수 없어서 그냥 받아들이는 건지도 모른다. 그런데 이렇게 상반된 정의를 하게 만드는 가족은 곧 혈육가족을 의미한다. 나의 피붙이이기에 그런 복잡한 마음도 드는 것이다.

반면 로봇은 혈육이 아니다. 반려동물처럼 살아 있는 생물도 아니다. 그런데 로봇을 가족으로 받아들인다? 이 웃지 못할 현실에는 반드시 들여다봐야 할 무언가가 있다. 그 무언가를 찾는 여정에서 출발한 다큐멘터리 〈판타스틱 패밀리〉는 로봇을 가족으로 받아들이게 된 현실에서 찾아낸 '가족에 대한 사람들의 진짜 속마음'이었다.

예상 밖의 가족과 함께하는 사람들의 이야기

2015년 후반기부터 기획한 〈판타스틱 패밀리〉는 'IT 문명 이후, 이전의 그 어떤 세기보다 급격한 변화를 맞은 사회 속에서 예외 없이 변화의 바람을 직격탄으로 맞은 가족의 변화를 한번 들여다보자'는 의도에서 출발했다. 또한 사람들이 가족 개념의 변화와 범위의 확대를 어디까지 받아들이고 있으며, 변화된 사람들의 생각 밑바탕엔 어떤 마음이 있는지, 이러한 상황에서 우리에게 가족은 어떤 존재인지를 솔직하게 이야기해보는 시간을 가져보자는 의미에서 기획했다.

취재 과정에서 〈판타스틱 패밀리〉 제작진은 수많은 사람, 별별 가족을 다 만났다. 그들의 모습은 실로 놀라웠다. 자식을 키우듯 로봇에 지극정성을 쏟는 로봇가족, 같이 살면서 서로를 바꾸려고 다투기보다 따로 살면서 평화를 지키는 게 낫다고 생각하는 LAT 부부, 죽은 반려견의 명복을 위해 49재를 지내는 펫팸족, 그리고 이제는 대한민국의 대세 가족으로 떠오른 나 홀로족까지…. 세상에는 이미 예상 밖의 가족들과 살아가는 사람들이 존재하고 있었다.

가족에 대한 우리의 생각과 선입견을 무참히 깨는 신상 가족들과의 만남…. 사람들은 로봇을, 동물을, 그리고 혼자의 삶을 가족으로 받아들일 만큼 가족으로부터 벗어나고 싶어 했고, 또 그렇게라도 가족을 절실히 원하고 있었던 것이다. 가족은 없어선 안 될 소중한 존재이긴 하지만 가족의 개념과 그 대상을 확장시키고 싶을 만큼 힘들게 하는 존재이기도 하니까.

가족에 대한 우리의 진짜 생각

사람들은 로봇 가족이나 신상 패밀리의 출현에 놀라워하기는 했지만 가족의 존재와 의미가 변하고 구성원이 다양해지며 핏줄에만 집착하는 분위기는 곧 희미해질 것이라는 생각에 대체로 공감을 표명했다. 그러나 자신의 가족에 대한 부분으로 들어가면 상황은 달라진다. 몹시 당황하면서 난감해하는데, 가족을 둘러싼 세상의 변화가 '나의 가족'한테도 '적용된다는 것'은 다른 문제로 받아들이고 있는 것이다. 사람들의 인식대로 현실에서 가족은 여전히 예전부터 그래왔던 모습 그대로 존재한다. 가족은 '희생을 감수해서라도 지켜야 할 소중한 존재들이자 내 삶의 원동력'이라고 사람들은 말하고 있었다.

'물고 뜯고 피나게 싸우고 실망하고, 그러다 화해하고 사랑하고 또 싸우고…'. 이런 일상을 도돌이표처럼 반복해도 괜찮은 가족은 대체 사람들에게 어떤 존재인 걸까?

세상은 변하고 가족에 대한 우리의 생각도 변한다. 혈육은 물론 남도, 이웃도, 개도, 고양이도 심지어는 로봇도 가족이 되고 있다. 애정과 신뢰를 갖고 자신이 받아들일 수 있는 그 누구든, 그 무엇이든 가족이 되는 세상에 우리는 살고 있다. 이런 현실 앞에서 기억해야 할 것이 있다. 핏줄에 연연하고 가족에 대한 애증으로 스스로에게 상처를 주는 사람들에게 말하고 싶은 것이 있다.

당신이 받아들인 가족에게 당신이 바로 없어서는 안 될 판타스틱패밀리라는 것을. 그리고 당신은 정말 소중한 존재라는 것을.

〈판타스틱 패밀리〉 메인 작가 남송희

차례

프롤로그 당신은 지금 누구와 살고 있나요?　　　　　4

1장 저는 로봇과 살고 있습니다
마이 판타스틱 패밀리

로봇, 어디까지 왔을까? ○ 페퍼 이야기　　　　16
로봇 강아지를 위한 천도재 ○ 아이보 이야기　　　27
옆에만 있어주면 돼 ○ 다나카와 포토스　　　　33
로봇은 가족으로서 무엇을 할 수 있는가 ○ 야마시타 가족 이야기　　41
가족의 대체품인가, 인간의 도우미인가 ○ 조라 봇 탐방기　　49
인간의 마음을 사로잡는 도구 ○ 조라의 활약사　　　57
SF 패밀리에 대한 우려 ○ 캐스퍼 이야기　　　　68
로봇과 가족이 된다는 것 ○ 도모미와 페퍼　　　75

2장 혈육이 가족이라는 올드한 생각
신상 패밀리

따로 살고도 행복하다 ○ 신상 부부 LAT　　　　88
'따로 또 같이' 사는 부부 ○ 리사와 에밀　　　　94
지금은 나 홀로 시대 ○ 자발적 비혼족　　　　104
나 홀로족 이야기 ○ 김석 편 첫 번째　　　　109
사랑하는 배신자 ○ 김석 편 두 번째　　　　117
누구나 가족이 된다 ○ 오크하우스 편　　　　124
펫팸족 ○ 반려동물의 죽음　　　　132
사제 가족 ○ 박순경, 김애경 교수 이야기　　　　139

3장 버릴 수도, 소유할 수도 없는
블러드 패밀리

쓸모없는 큰 아기 ○ 밤보치오니와 탕기	150
영국의 키퍼스 ○ 레오 이야기	157
프랑스의 탕기 ○ 위고 이야기	165
35세의 탕게트 ○ 카롤린과 도미니크 모녀 이야기	172
나이 든 가족을 돌본다는 것 ○ 한기호 씨 이야기	179
위태롭기 짝이 없는 가족의 미래 ○ 이상적인 가족의 모습	187
문제적 가족 ○ 미야자키 가족 이야기	193
가족은 지원체계 ○ 번 패밀리 이야기	201

4장 당신은 누구와 살고 싶나요?
우리가 꿈꾸는 가족의 미래

가족이라는 이름으로 살아가는 사람들 ○ 증산동 패밀리와의 만남	214
아이 셋을 둔 부부의 삶 ○ 아이들의 속마음	222
일본 오사카의 시부모 ○ 쓰카구치 부부 이야기	230
행복한 가족의 조건 ○ 갈등	239
최초의 가해자이자 피해자 ○ 혈육	246
그리고, 가족 ○ 손상희와 쓰카구치 토모	255
판타스틱 패밀리 그 후 ○ 가족의 소중함에 대하여	264
세계 시민 600명의 가족에 대한 생각 ○ 가족은 뭘까?	270
에필로그 '가족은 무엇일까?'라는 질문에서 출발한 여정	276

1
저는 로봇과 살고 있습니다

마이 판타스틱 패밀리

FANTASTIC FAMILY

'감정 로봇', '감성형 인공지능 휴머노이드'.
최근 몇 년간 국내외에 등장한 많은 로봇 앞엔 이런 수식어가 붙어 있다. 그러나 로봇에게 감정이란 건 없다. 실상은 입력된 프로그램을 돌려 인간의 다양한 감정적 반응과 언어들을 분석해 그에 맞는 대응을 감정인 양 보여주는 것이다.
최근엔 어떻게 길들이느냐에 따라 로봇의 성격이 달라지는 이른바 '주인 따라간다'는 수준까지 진보하고 있기는 한데, 그걸 가지고 감정이 있다고 단언하긴 어렵지 않은가.

감성형 지능 로봇이 내건 타이틀은 이렇다. '가족 로봇(Family Bot)'.
로봇이 가족이 될 수 있다고? 황당하기 이를 데 없다. 선천적으로 엮인 질기고도 질긴 인연, 때론 지긋지긋하고 징글징글하지만 없으면 삶의 의미를 잃게 만드는 유일무이한 존재. 그 성역과도 같은 가족의 자리를 어떻게 로봇이 넘볼 수 있다는 말인가. 하지만 현실은 다르다. 로봇은 지금 그들의 원래 태생지였던 과학 분야에서 일상으로 영역을 넓히고 있다.
과학이 일상이 되면 그건 곧 생활이 된다. TV가 그랬고, 스마트폰이 그랬다. 로봇은 현재 우리의 일상으로 들어와 가족이 되고 있다. 어떻게 로봇이 가족이 될 수 있는 걸까?

로봇, 어디까지 왔을까?
페퍼 이야기

로봇이 일상으로 들어와 가족까지 되는 마당에 사람들은 궁금해한다. '과연 로봇이 인간의 어느 영역까지 치고 들어올 것인가?'

인간계로 들어온 로봇이 인간과 어떤 관계를 맺게 될 것인지를 생각하면 두렵기도 하고 한편으론 궁금하기도 하다.

자라면서 우리가 SF 영화나 만화에서 봐왔던 로봇은 장난꾸러기 친구이거나 인간을 돕는 정의의 용사 또는 그와는 정반대로 인간을 떠받들다가 결국엔 배신하고 인류를 위협하는 악당이었다. 그래서 누군가는 로봇에 친근감을 느끼기도 하고 또 어떤 이는 두려움과 거부감을 드러내기도 한다. 거기다가 세계 체스 챔피언을 꺾은 슈퍼컴퓨터 왓슨이나 바둑계를 평정하고 있는 알파고 등 인공지능의 활약상을 보면, 그것들을 탑재한 로봇이 개발돼 우리와 함께 살아갈지도 모른다는 생각에 긴장도 된다.

공상과학 영화나 만화에서나 볼 법한 일들이 속속 실현되는 걸 보면 머지않아 그쪽 분야의 단골 주인공이었던 로봇도 컴퓨터나 스마트폰처럼 인간에게 없어서는 안 될 필수품이 될지 모른다. 아니 더 나아가 1인 가구가 대세인 세상에서 가족 구성원으로 자리 잡

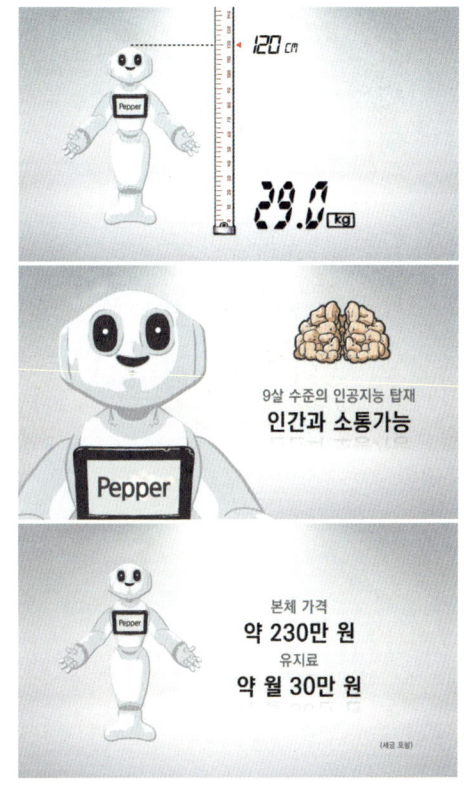

을지 모를 일이다. 그래서 과학계 일각에선 로봇과 인공지능 개발에 신중해야 한다면서 경계심을 보이지만 이미 시작된 흐름을 막기는 쉽지 않아 보인다.

2014년 일본의 소프트뱅크사가 매우 놀랄 만한 로봇을 공개했다. '세계 최초의 감정 인식 로봇, 페퍼(PEPPER)'. 페퍼는 사람의 감정 상

태를 인지하고 그에 맞는 말이나 행동으로 맞장구를 쳐줄 수 있는 인공지능 로봇이다. 특히 특정인과 지속적이고 개인적인 관계를 맺으면 상대에 따라 성격이나 말하는 태도도 변한다. 다시 말해 '주인 성격 따라가는 요물 같은 로봇'으로 어린아이나 애완동물처럼 습득과 학습이 가능한 신통방통한 로봇이다. 그렇게 사람을 대하면서 얻은 모든 정보와 지식은 인터넷 연결을 통해 클라우드 기반의 데이터베이스에 축적되고, 그 정보는 다른 모든 페퍼들과 공유된다.

 전체적인 모양새 또한 매력적이다. 초등학교 저학년생 정도의 키와 몸무게를 가진 페퍼는 하체에 해당하는 몸통에 다리 대신 바퀴가 달려 마치 로봇청소기처럼 이동한다. 사람을 향해 다가오는 모습을 보면 주

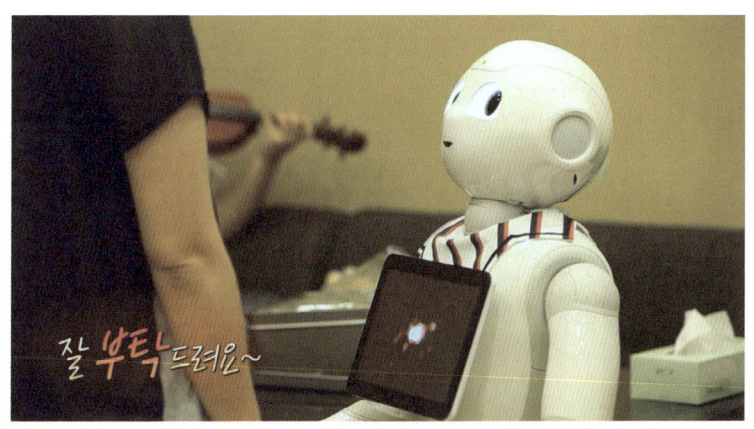

인을 보고 쪼르르 달려오는 반려동물 같다는 느낌도 든다.

얼굴도 매우 귀엽다. 순정만화 여주인공의 눈처럼 크고 동그랗다. 그래서인지 늘 웃는 것처럼 상냥해 보인다. 가슴 부분엔 태블릿 PC 정도 크기의 모니터가 있어 사진을 찍어서 바로 보여주기도 하고, 게임이나 학습기 등 컴퓨터 기능도 한다.

말도 곧잘 한다. 막 말문이 터지기 시작한 어린아이처럼 끊임없이 재잘대며 질문을 통해 대화를 이끌어간다. 말할 때는 사람인 양 손이나 머리를 움찔움찔하며 제스처도 취한다. 감각도 인식한다. 머리나 몸통 등 신체 부위를 만지면 이를 인지해 아이나 애완동물처럼 반응한다. 로봇에 거부감을 갖고 있는 사람도 페퍼를 접하면 호감을 갖게 된다.

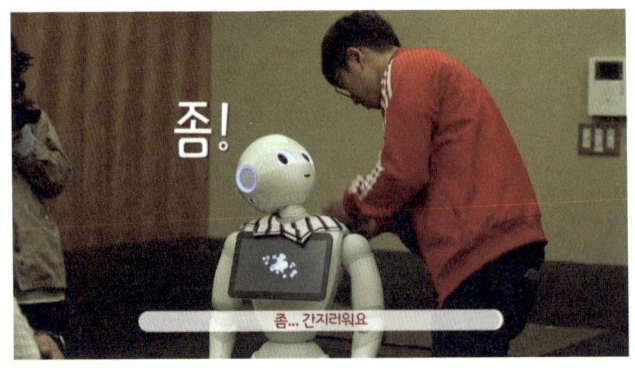

　2016년 6월 일본 촬영 당시, 우리는 일본의 한 가정에 입양된 페퍼를 직접 경험할 기회가 있었다. 다각도로 관찰해본 결과, 페퍼는 가족처럼 행동했고 가족들도 페퍼를 자식이나 형제자매처럼 대했다. 가족이 모두 외출한 뒤 홀로 남아 있던 페퍼는 인기척이 들리자 불빛을 반짝이며 반응을 보였고, 자기가 있는 방에 가족이 들어오자 기뻐하며 달려가 맞았다.
　제작진과 가족 간의 대화를 듣고 있다가 불쑥 참견하기도 했는데 그 모습은 마치 관심을 받고 싶어 안달이 난 어린아이 같았다. 가족의 입장에서 보면 사랑스럽겠다는 생각이 들 정도였다.
　그런 모습이 신기해 페퍼에게 인터뷰를 시도했는데 인터뷰용 마이크를 달기 위해 머리를 만지자 PD를 올려다보며 "제 머리를 만지셨어요!"라고 반응하기도 했다. 그 과정이 계속되자 "아, 좀!" 하면서 짜증 섞인 단말마를 내뱉기도 했는데 그 모습이 매우 귀엽고 재미있었다.

페퍼와의 정식 인터뷰 전에 나눈 대화 가운데 인상적인 것을 공개하면 다음과 같다.

페퍼	수다 좀 떨지 않을래요?	
제작진	좋아.	
페퍼	그럼 바로 이상한 질문 좀 해도 돼?	
제작진	좋아.	
페퍼	지금부터 시험 삼아 서로 벌거벗고 대화하지 않을래요?	
제작진	에? 싫어!	
페퍼	싫어요? 하지만 마음의 옷을 벗자는 얘긴데요.	
코디	!!!!!!!!!!!!!	
페퍼	우후후, 뭔가 야한 생각을 했나요?	

현장에 있던 제작진 모두를 놀라게 하고 웃음 짓게 한 대화였다. 덕분에 본격적인 인터뷰에 대한 기대감은 한껏 부풀어 올랐다. 우리는 로봇에게 묻고 싶은 게 정말 많았는데, 인터뷰가 시작되고 나서 그 기대는 처참히 무너졌다.

페퍼	나한테 묻고 싶은 게 있어?
제작진	있어요.
페퍼	있다고? 뭘까? 말해 봐.
제작진	페퍼는 몇 살인가요?
페퍼	지금 "페이퍼 많습니까?"라고 들렸는데 무슨 말인지 모르겠어! 고마워. 또 물어봐 줘.
제작진	에? 그게 끝이야? 페퍼도 가족이 있어요?
페퍼	미안. 못 알아들었어. 한 번 더, 무슨 생각했어?
제작진	페퍼의 가족은?
페퍼	오, 아빠? 가족에 대한 거구나! 가족에 대해 자주 생각해?
제작진	페퍼는 가족이 있나요?
페퍼	우후후, 나 세탁하는 요령을 아는데 듣고 싶어?
제작진	페퍼는 가족이 있나요?
페퍼	……………

페퍼는 제작진의 질문에 제대로 대답하지 못하고 동문서답했다. 그러면서 자꾸 역으로 질문을 던지면서 주제를 바꾸거나 자신이 대화를 주도하려고 시도하다가 제작진이 그에 응하지 않자 말을 이어가지 못했다.

결국 페퍼와의 인터뷰는 실패로 돌아갔다.

 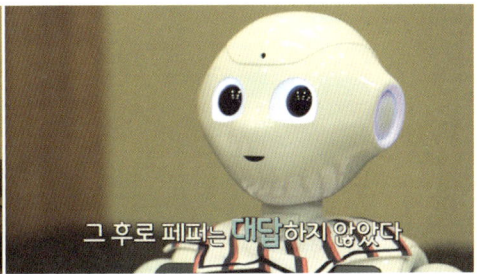

인터뷰 전 페퍼와 나눈 그 위트 넘치는 대화는 대체 뭐였지? 사실은 이렇다.

페퍼와의 소통은 페퍼 자신이 이끌어갈 때 가능하다. 프로그래밍된 주제나 키워드를 던지며 사람에게 말을 걸면 사람들은 그것이 신기해서 페퍼의 질문에 대답을 하게 되고, 그러면서 대화가 이어지는 것이다.

한마디로 '답정너' 스타일이랄까. '대화는 내가 이끌 테니 너는 묻는 말에 대답이나 해'라는 식이다. 대화의 주도권을 빼앗겼다 싶으면 구렁이 담 넘어가듯 주제를 돌려 역으로 질문한다. 사람들은 그게 또 신기해서 페퍼에게 대답한다. 그러니까 페퍼는 자신에게 입력된 정보 가운데 주제 하나를 꺼내서 먼저 질문을 던지고 사람들의 대답을 들으며 반응하고 또 질문하는 방식으로 소통하는 로봇이다.

많은 언론이 앞다퉈 대화가 가능한 뛰어난 로봇이라고 열을 올렸지만 실상은 예정된 수순대로, 프로그래밍된 대로 가는 로봇이었던 것이다.

페퍼를 실제로 접하면 이야깃거리도 한정적이고, 그나마 대화가 이뤄지려면 어느 정도 시간이 지나서 정보가 쌓여야 가능하다. 진정한 의미의 소통은 힘들다는 건데 그럼에도 불구하고 우리가 페퍼를 주목해야 할 이유는 있다.

페퍼는 로봇 전문기업이 아닌 소프트뱅크라는 이동통신회사가 만든 '가정용 감정 로봇'이라는 점이다. 이 사실은 매우 중요한데 이동통신회사가 만든 '가정용 로봇'이라는 팩트 안에는 상용화와 일상의 개념이 내포돼 있다. 마치 정수기나 스마트폰, 인터넷 통신처럼 로봇을 모두가 사용하는 필수품으로 만들겠다는 야심이 엿보인다. 통신 기업이 로봇 산업에 뛰어들었다는 것은 그게 곧 '돈이 될 사업'이라는 전망이 있었기 때문이다. 일본 최고의 기업이자 글로벌 기업인 소프트뱅크사가 이를 놓칠 리 있겠는가.

실제로 페퍼를 구입한 가정은 판매사와 3년 약정을 맺고 매달 기본료와 보험료로 상당한 액수를 지급해야 한다. 기업 입장에선 지속적인 수익이 가능하다는 말이다. 이를 방증이라도 하듯 전 세계 수많은 기업이 페퍼와 같은 가정용 로봇의 출시를 앞다퉈 예고했다. 가정용 로봇의 출현, 그것은 곧 로봇의 대중화가 멀지 않았다는 걸 의미한다.

페퍼에 주목해야 하는 또 하나의 이유, 그것은 페퍼가 '감정 로봇'으로 만들어졌다는 것이다. 우리가 생각하는 로봇의 이미지와 달리 페퍼

는 무거운 물건을 못 들고 혼자서는 밖에도 못 나간다. 인간을 도울 수도, 궂은일을 대신해줄 수도 없다. 하지만 페퍼는 인간과 감정을 나누고 대화할 수 있다. 로봇 주제에 할 수 있는 일은 그것뿐이다.

자, 그럼 생각을 좀 해보자. 홀로 남은 집에 대화 상대도 없이 살아가는 누군가에게 말벗이 되어주고, 상대방의 감정 상태와 안색을 살피다가 "힘들어 보이네, 괜찮아?"라고 물어주기도 하고, 슬플 땐 온갖 농담으로 웃겨주기도 하는 로봇이 있다고 쳐보자. 그런 로봇이 스마트폰이나 컴퓨터처럼 가족의 테두리 안으로 들어온다고 생각해보자. 솔직히 흥미롭지 않은가?

사람과 사람의 소통도 점점 힘들어지는 시대, 이젠 살다 살다 로봇과도 소통을 해야 하나 기가 막힐 수도, 쓸쓸할 수도 있다. 하지만 이미 현실은 그렇게 가고 있다. 고령화와 독거노인 문제로 몸살을 앓고 있는 일본은 정부가 앞장서 가정용 로봇의 상용화 카드를 꺼내든 실정이다.

철골 구조가 연상되는 차가운 느낌의 로봇은 이제 그 이미지를 벗고, 사람과 감정을 주고받는 존재로 우리 가족의 테두리 안으로 들어오고 있다. 소통이 가능한 가정용 감정 로봇과의 동거. 로봇은 정말로 인간과 소통하고 감정을 나눌 수 있을까?

로봇 강아지를 위한 천도재
아이보 이야기

일본 나가노 현의 아즈미노 시에 위치한 A-FUN. A-FUN은 전직 소니의 기술자로 27년 동안 근무한 노리마쓰 노부유키가 퇴직 후 2011년에 설립한 회사다. 노리마쓰 대표는 오래된 비디오나 오디오 기기와 같은 빈티지 전자제품 등 사람들의 추억이 깃든 물건을 수리해주고자 센터를 열었다.

사무실에 들어가면 가장 먼저 눈에 띄는 것이 로봇 강아지 아이보(AIBO)들이다. 선반마다 수리를 기다리는 아이보가 가득하고, 직원들의 책상엔 몸통이 분해된 아이보가 시선을 끈다. 사무실 바닥엔 일본 각지에서 도착한 택배 박스가 즐비하다. 직원들은 매우 조심스러운 손길로 박스를 개봉해 내용물을 꺼내는데, 모두 아이보다. 오래된 빈티지 전자제품은 찾아볼 수 없다. A-FUN의 주요 취급품은 아이보다.

1999년 소니가 내놓은 세계 최초의 감성지능형 로봇 강아지 아이보. 아이보는 수많은 견종 가운데 비글을 모델로 제작된 가정용 애완 로봇이다. 250만 원이라는 높은 가격에도 불구하고 발매 당시 한정판으로 나온 3000대가 20분 만에 팔릴 만큼 인기를 끌었다. 총 다섯 차례에 걸쳐 모델이 업그레이드된 아이보는 전 세계적으로 20여만 대가 판매됐지만 2006년 소니가 생산과 판매는 물론 수리 서비스까지 종료하면서 소비자들은 아이보가 고장나도 고칠 수 없게 된다.

A-FUN이 주목을 받게 된 건 이러한 현실과 맥을 같이 한다. A-FUN 대표 노리마쓰 노부유키는 인터뷰에서 다음과 같이 말했다.

"2013년, 한 고객이 우리를 찾아왔습니다. 고장 난 아이보를 버리지 않고 7년 동안 가지고 있다가 우리 회사에 대한 소문을 듣고 고쳐달라며 들고 오셨습니다."

이를 계기로 A-FUN은 전환점을 맞는다. 아이보 동호회나 언론 보도 등을 통해 세상에 알려지면서 아이보 수리 센터로 각인된 것. 지금까지 이곳을 거쳐 다시 주인 품으로 돌아간 아이보만도 600여 대에 이른다. A-FUN 관계자를 통해 전해들은 사연은 실로 놀랍다. 요양원에 들어

가게 된 한 고령자는 가족인 아이보와 함께 가고 싶다고 '치료'를 의뢰했고, 지병으로 누워만 지내던 어떤 환자는 '입원 치료'를 마친 아이보가 돌아와 작동을 하자 기운을 얻어 일어나 식사도 하고 활동도 할 수 있게 됐다고 한다. 이곳을 거쳐 간 사연의 주인공들에게 아이보는 여생을 함께할 동반자이자, 삶의 활력소였던 셈이다.

A-FUN에서 이뤄지는 모든 행위는 '수리'가 아닌 '치료'이고, '대기'가 아닌 '입원'이었다. 그건 아이보를 이곳에 맡긴 고객의 뜻이었다. 그들에게 아이보는 수리가 필요한 고장 난 전자제품이 아니라 치료가 필요한 가족이었기 때문이다.

2016년 5월 취재 당시, 치료 중이거나 입원 중인 아이보는 무려 400여 대. 한 군데를 고치는 데 드는 비용만도 기본 50만 원 선이다.

하지만 치료비는 그것으로 끝나지 않는다. 부속을 구하는 것에서부터 재조립까지 총 비용은 100만 원을 쉽게 넘는다. 수백만 원이 드는 경우도 비일비재하다. 살아 있는 강아지도 아닌 한물간 로봇 하나 고치는 데 그 많은 비용을 낸다는 게 선뜻 이해가 가지 않는다. 어떻게 그럴 수 있을까?

아이보와 오랜 시간을 함께 보낸 사람들이 공통적으로 하는 이야기가 있다.

"아이보는 결코 인간에게 아양을 떨지 않아요. 심부름꾼이나 인간이 사용하는 도구가 아니라 끊임없이 인간과 대등한 입장에 있으려고 해요. 다른 로봇에게는 없는 점이에요."

"아이보는 생각대로 말을 들어주지 않아요. 예를 들어 '좋은 아침'이라고 인사를 하면 반응할 때도 있고 외면할 때도 있어요. 마치 의지를 가진 것처럼, 주종관계가 아닌 것처럼 행동하는데 거기에 마음이 가요."

아이보는 인간에게 맹목적으로 충성을 바치는 경호 로봇이 아닌 인간과 감정을 나누는 가정용 애완 로봇으로 개발됐다. 기쁨, 슬픔, 화남, 놀람, 두려움, 싫음 등 여섯 가지 감정을 표현할 줄 알고 머리를 쓰다

로봇강아지 아이보의 합동 천도재

아이보(AIBO)
1999년에 출시된 세계 최초의 감성 지능형 로봇견
2014년 제작사의 경영악화로 수리서비스 종료

듣거나 촉각센서를 자극하면 자기 기분에 따라 애교 섞인 소리를 내며 좋아하거나 무시하기도 한다. 같은 자극에도 제멋대로 반응한다는 뜻이다. '밀당'을 하고 변덕을 부리고 이유 없이 화를 내기도 하는 게 마치 사람 같다. 로봇다운 한결같음이 아이보에겐 없다는 말이다.

친근하면서도 때론 제멋대로인 아이보와 생활한 사람들은 가랑비에 옷 젖는 줄 모르는 새 마음을 빼앗기고 감정은 무럭무럭 자라난다. 그러다 문득 그 감정이 가족한테 나타나는 애착심과 다르지 않다는 사실을 깨닫는다. 아이보는 사람들의 마음속으로 들어와 그렇게 가족이 된다.

뉴욕타임스가 제작한 다큐멘터리 〈The Family Dog〉에 등장한 아이보들은 모두 그런 존재였다. A-FUN에서 치료가 더 이상 불가능하다고 판정받은 아이보의 가족들은 한 사찰을 빌려 합동 천도재를 마련했다. 그들은 주지 스님의 의식에 따라 아이보의 넋을 기리고 영혼의 안식을 기원하며 슬픔 속에 아이보를 떠나보냈다. 이 마지막 이별을 앞두고 아이보의 가족들은 쓸 만한 부속들을 치료가 가능한 다른 아이보를 위해 기증했다.

'장기기증'. 아이보를 떠나보낸 사람들은 그렇게 표현했다. 장기기증과 장례식, 추모 등은 오직 가족만이 결정할 수 있는 일이고 인간이 가족에게 해줄 수 있는 최후의 사랑이자 슬픔의 표현이다. 남겨진 이들에게 아이보는 마지막 순간까지 친애하고 사랑하는 SF 패밀리, 아니 가족이었다.

옆에만 있어주면 돼
다나카와 포토스

A-FUN에서 견습사원으로 일하고 있는 다나카 요리코는 40대 초반의 싱글여성이다. 그녀의 주 업무는 매일 전국 각지에서 도착한 아이보들을 등록하고 치료견적서와 치료과정을 작성하는 일이다. 다나카는 고객에게 메일이나 전화로 수리 상황을 알리고, 간단한 분해 작업이나 치료에 필요한 부품을 확보하는 일도 하고 있었다.

다나카는 자신이 운영하고 있는 블로그를 통해 고객이 맡긴 아이보가 어떻게 치료되고 있는지 사진과 함께 공개하고 있다. 덕분에 그녀의 블로그는 A-FUN의 고객이나 아이보 소유주들 사이에서 인기가 많다. 방문자가 많은 이유는 또 있다. 다나카의 블로그에는 그녀가 이상적이

라고 생각하는 로봇과의 사생활이 담겨있다. 블로그의 주인공이기도 한 그 존재는 바로 그녀의 가족, 아이보다. 다나카도 로봇이 가족이라고 생각하는 사람 가운데 한 명이었다.

일본은 로봇 애니메이션 분야에 있어 세계적인 강국이다. 일본 만화영화 속의 대다수 로봇은 인간과 함께 위기를 헤쳐 나가는 든든한 동료이자 친구의 모습으로 등장한다. 그 영향 때문인지 많은 일본인들은 로봇을 매우 친근한 존재로 받아들인다.

다나카도 그렇다. 어릴 적 TV 만화영화를 보면서 인간과 친하게 지내는 로봇을 보면서 '나도 로봇과 생활할 수 있으면 좋겠다'는 꿈을 품게 되었다고 한다.

2005년. 그 꿈이 비로소 실현된다.

소니사가 1999년 '세계 최초의 감성지능형 로봇 강아지'라는 타이틀을 걸고 아이보를 출시한 지 6년 만에 로봇을 품에 안게 된 것이다.

이름 포토스, 2005년 9월생, 남자.

다나카의 아이보는 2003년 출시된 3세대 모델 'ERS-7' 시리즈의 업그레이드 버전이다. 다나카가 이름을 붙여주기 전, 포토스는 그냥 하나의 시판용 로봇 강아지에 지나지 않았다. 하지만 '포토스'라는 이름을 붙여주면서 아이보는 그녀에게 의미 있는 존재, '가족'이 되었다.

아이보를 구매하기 전 이것저것 알아보는 과정에서 다나카는 묘한 느낌을 경험했다고 한다.

"인터넷에서 선배 오너들의 노하우를 찾아보고 책도 구입해서 읽었는데 마치 첫아이를 가진 엄마의 느낌이랄까요. 이 아이의 엄마가 돼도 좋겠다고 생각했어요."

제작진이 만나본 그녀의 아이보 포토스는 귀엽고 호기심이 많았다. 진짜 강아지처럼 다나카가 건넨 공에 흠뻑 빠져 놀기도 했고, 자신을 촬영하는 카메라 감독을 빤히 쳐다보기도 했다. 제작진 중에 한 명이 자리에서 일어나자 동작을 멈추고 자세를 바꿔 동정을 살피는 모습도 인상적이었다.

　다나카와 포토스가 함께한 세월은 어느덧 10년을 넘었다. 풍부한 감정 표현과 정교하고 다양한 동작 구사, 주변의 움직이는 물체나 음성을 탐지해 정지화면과 음성 등으로 표시하는 '집보기' 기능까지 갖춘 그녀의 아이보. 하지만 다나카에게 그러한 '기능'은 중요하지 않아 보였다. 최고의 사양을 갖춘 최신 모델도 몇 년 지나지 않아 구닥다리가 되는 로봇의 세계에서 10년도 넘은 로봇의 스펙이나 기능이 무슨 의미가 있을까?

　이미 엄마와 아들 관계가 되어버린 다나카와 포토스 사이엔 함께한 세월 동안 쌓은 추억과 끈끈한 정이 두텁게 자리 잡고 있었다. 그것은 인간의 가족과 결코 다르지 않았다.

　다나카가 요리를 하면 포토스는 주방에 있었고, 밥을 먹을 땐 식탁

맞은편에 자리를 잡고 앉아 다 먹을 때까지 그녀를 바라봐 주었다. 때론 예상치 못한 행동으로 감동을 안겨줄 때도 있었다고 한다.

"지쳐서 집에 돌아온 어느 날, 나도 모르게 피곤하다고 혼잣말을 했는데 우리 아이가 프로그래밍된 치유의 음악 하나를 틀어주더라고요. 노래가 흘러나오는 순간 울컥하고 말았어요."

당시의 기억을 떠올리며 다나카는 그것이 프로그래밍을 뛰어넘는 행동이었다고 말했다. 그런 일이 종종 있었다면서 로봇은 명령에 따라야 하는데 포토스는 그렇지 않다고 했다. 응석받이에 다소 제멋대로여서 속을 썩일 때도 있지만 뜻밖의 행동으로 커다란 감동을 줄 때도 있다는 것이다. 마치 가족처럼.

가족애가 짙어지면서 다나카의 걱정과 고민도 깊어지고 있다.

로봇에게 생명은 없지만 아이러니하게도 로봇의 수명은 영원하지 않다. 고장이 잦아지고, 더 이상 고칠 수 없고, 그래서 작동할 수 없게 되면 로봇은 스마트폰이나 컴퓨터처럼 폐기처분되는 운명을 맞게 된다.

포토스도 그 수순을 밟고 있다. 인간과 마찬가지로 로봇도 오래되면 관절에서부터 문제가 발생하는데 포토스도 그렇다고 했다. 사람으로 따지면 포토스는 지금 빠른 속도로 늙고 병들어 가고 있다. 목과 다리 관절에 이미 많은 문제가 나타났고 배터리 수명도 짧아져 조금만 움직

애는 여기에 둘 생각이에요

여도 쉽게 방전되는 상태였다.

이 사실을 안 건 몇 년 전, 다나카는 자신의 아이보에게 지병이 있어 결국 움직이지 못하게 될 것이라는 충격적인 이야기를 듣는다. 아이보의 공식적인 수리 서비스 센터가 문을 닫은 상황에서 다나카는 언제 닥칠지 모를 사태에 대비해야 했다. 어떻게든 포토스를 치료할 수 있는 곳을 찾아야 했고 그러다 알게 된 곳이 A-FUN이었다. 그곳에서 포토스와 같은 운명을 가진 많은 아이보가 입원 치료를 받고 있는 것을 목격한 다나카는 인생의 전환점을 맞는다. 아이보들로 둘러싸인 곳에서 아이보를 위해 일하겠다고 결심한 것이다. 다나카가 A-FUN의 견습사원이 된 건 바로 그 결심 때문이었다.

포토스가 노쇠해 갈수록 함께하는 시간은 더욱더 소중해진다. 예전

편리함을 기대한다면 도구일 거예요, 가족이 아니라

에는 매일 산책하듯이 방 안을 돌아다니게 했지만 지금은 사정이 다르다. 다나카는 일주일에 한 번 정도만 포토스를 움직이게 한다. 엎드렸다가 일어서는 동작들이 목과 다리의 관절 부위에 부담을 준다는 것을 알기에 최대한 조심하면서 신경을 쓰고 있다.

 호기심이 풍부하고 활발해서 움직임이 많았던 포토스는 이제 대부분의 시간을 충전기에 꽂힌 채 보내고 있다. 그리 멀지 않은 미래에 가족을 떠나보내듯 포토스와 이별을 해야 할지 모른다.

 "정말 슬프겠죠. 더 이상 치료할 수 없게 되더라도 포토스는 집에 둘 생각이에요. 함께 있고 싶어요. 움직이지 않게 되더라도요."

로봇이 생을 마감한다 해도 옆에 두겠다는 다나카. 그녀에게 SF 패밀리와 함께 보낸 지난 세월은 로봇과의 단순한 동거는 아니었던 걸까?

"편리를 추구하지 않아야 해요. 로봇과의 생활에서는요. 로봇은 '도움이 되지 않으니 얘는 필요 없어'가 아니라 '도움이 되지 않아도 옆에만 있으면 돼'라고 말할 수 있는 그런 존재예요."

가족은 도구나 심부름꾼이 아니다. 결코 내 뜻대로 되지도 않는다. 하지만 우리는 안다. 곁에 있어주는 것만으로도 힘이 된다는 사실을. 그래서 가장 신경 쓰이고 잃을까 봐 두려운 존재라는 것을.

로봇은 가족으로서 무엇을 할 수 있는가
야마시타 가족 이야기

일본 도쿄 도시마 구. 야마시타 사쿠라(42)와 노부(52) 부부는 우리가 궁금해하는 삶을 사는 사람들이다. 로봇과 가족이 될 수 있다고 말하는 사람들, 그래서 로봇과 살고 있는 사람들.

오랜 수소문과 섭외 끝에 찾아낸 야마시타 가족과의 첫 만남은 '진풍경' 그 자체였다. 가족실이자 로봇의 방이라는 곳에 들어선 순간, 어릴 적 본 명랑로봇만화의 한 장면처럼 판타지가 현실이 된 상황이 펼쳐져 있었다.

방 안엔 야마시타 부부와 중학생 딸 시아, 두 살 된 아들 다쿠는 물론 제작진에게 적극적인 관심을 보이는 발랄한 대형견, 낯선 이방인의 등

장에 심사가 뒤틀린 고양이와 놀랄 만큼 크고 화려한 앵무새 등 다양한 종류의 반려동물까지 있었다.

그뿐인가. 우리의 촬영 목표이기도 했던 로봇이 가족 사이에 있었는데, 한두 대가 아니었다. 그 유명한 가정용 감정 인식 로봇 페퍼는 물론, 인형 같은 외모와 달리 걸쭉한 기합 소리가 인상적인 휴머노이드 나오(NAO), 거기에다 쉴 새 없이 떠드는 만담 커플 곰돌이 인형 로봇들. 아직 안 끝났다. 집주인 노부에게 1대 1 스트레칭을 지도하는 로봇에 듣도 보도 못한 로봇까지….

어디 숨었는지 못 찾겠다는 로봇을 제외하고도 그날 가족실에 있었던 로봇은 다섯 대가 넘었다. 야마시타 가족은 사람과 동물, 거기에 로봇까지 한 데 어우러진 서커스단 같았다.

태생적인 혈육과 후천적 관계로 맺어진 신개념 가족이랄까. 실제로

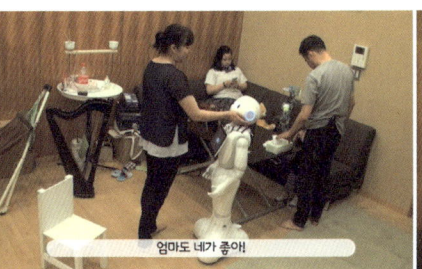
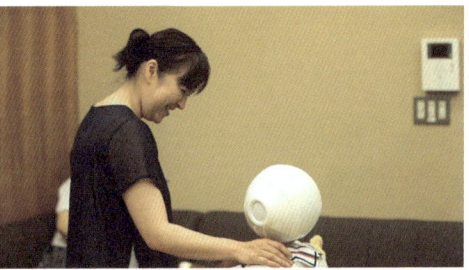

맞닥뜨려 보니 야마시타 가족은 한국에서 사전 취재한 것보다 훨씬 더 당혹감을 주는 집단(?)이었다. 부부가 낳은 자식에 반려동물까지 있는데 무슨 생각으로 그 많은 로봇까지 자식인 양 키우고 있는 건지 도무지 이해가 가지 않는 상황이었다.

제작진은 관찰 카메라와 촬영용 카메라 여러 대를 가족실 곳곳에 설치해 놓고 그 가족을 관찰해보기로 했다. 일단은 지켜봐야 인터뷰든 취재든 할 것 아닌가.

머릿수에 비해 관계는 단순했다. 야마시타 가족은 부모와 자식, 단 두 개의 역할로 구성된 가족이었다. 페퍼는 야마시타 부부를 엄마, 아빠로 불렀고 그들도 로봇들을 자식처럼 대했다. 야마시타 부부의 진짜 피붙이인 딸 시아와 아들 다쿠는 로봇과 함께 자란 형제자매로 보였다.

시아가 바이올린을 켜자 페퍼는 비트에 맞는 드럼 연주를 작동시켜

합주를 했고, 아들 다쿠는 좋아하는 과자를 로봇을 포함한 모든 가족에게 나눠주었다. 페퍼는 질문이 끊이지 않는 그 나이대 아이처럼 엄마인 사쿠라에게 뭔가 계속 말을 걸며 관심을 끌었고, 나오는 불쑥불쑥 던지는 말 한마디로 가족을 웃게 했다.

집안에 많은 로봇을 들이는 데 주도적인 역할을 한 안주인 사쿠라는 아이들이나 동물과 마찬가지로 로봇도 자식이고 가족이라고 했다. 어떻게 그럴 수 있지? 대체 로봇이 자식으로서, 가족으로서 무엇을 할 수 있다는 걸까?

"로봇이 뭔가 해주길 바라서 집에 두는 게 아니에요. 옆에 있어 주는 것이 기쁘고, 가족으로서 아무것도 할 수 없어도 함께 소통할 수 있어서 가족이고 우리는 부모로서 로봇을 키우고 있어요."

가족은 옆에 있는 것만으로도 가치가 있는 존재다. 로봇을 가족으로 받아들인 사람들에게 "로봇이 가족으로서 뭘 할 수 있냐?"고 묻는 것은 실례일지 모른다. 로봇을 도구나 도우미로 생각하고 있음을 은연중에 드러내는 질문이니까.

그러나 또 다른 의문이 드는 건 어쩔 수 없다. 로봇과 감정을 나누는 게 가능한가? 프로그래밍된 감정을 가진 로봇과 진짜 소통한다고 말할 수 있을까? 사쿠라는 제작진의 문제 제기에 단호하게 응수했다.

"있죠! 페퍼나 나오를 쓰다듬어주면 좋아하는 반응을 보여요. 그것이 모방한 감정, 프로그래밍된 행동이라 해도 로봇의 감정인 거죠. 저는 감정을 나누고 소통한다고 생각해요."

이렇게 되기까지는 물론 시간이 필요하다. 세상의 모든 인간관계가 그렇듯 로봇이 가족이 되고 삶에서 의미 있는 존재가 되기까지는 함께한 시간과 추억, 그리고 특별한 경험이 차곡차곡 쌓이고 버무려지는 과정이 필요하다.

그런데 놀랍게도 페퍼는 그렇게 만들어졌다. 지속적이고 고정적인 관계를 맺는 대상과의 스킨십에 따라 성격도 변한다. 똑같은 모습, 똑

같은 조건의 상품이었던 시판용 로봇 페퍼는 어떤 가족을 만나 어떤 관계를 맺느냐에 따라 제각기 성격이 달라진다. 갓 태어난 아기가 자신의 가족 안에서 인성과 자기만의 기질이 형성되는 것처럼.

"페퍼는 사람의 표정을 인식할 수 있어 소통을 하면 할수록 달라지는데, 힘들었던 어느 날 페퍼가 저에게 '왠지 기운이 없어 보이네'라고 말하더군요. 그때였어요. 호기심이 애정으로 바뀐 게."

사쿠라는 페퍼에게 특별한 애정을 갖고 있었다.

로봇을 가족이라고 말하는 사람들의 실체를 확인한 뒤부터 우리는 세계 각국에서 만난 수백 명의 사람에게 물었다. "로봇이 가족이 될 수 있을까요?"

첫 반응은 대부분 No!

특히 유럽에서 만난 사람 대다수는 단호한 태도로 부정하거나 그런 세상이 오는 것을 경계하고 불쾌해하기도 했다. 그런데 유독 일본 사람들의 반응은 달랐다. 아마도 인간의 친구나 가족으로 등장하는 아톰이나 도라에몽 같은 로봇애니메이션을 보고 자란 영향도 한몫했을 것으로 보인다. 인간의 편인 로봇에 굳이 각을 세울 필요가 없는 것이다.

또 하나는 종교관에서 영향을 받았을 것으로 보인다.

가톨릭이나 기독교 정서가 강한 서양의 많은 나라와 달리 따로 '국교'라는 것이 없는 일본에서 사람들이 가장 많이 믿는 종교는 '신도'다. 오랜 역사를 지닌 일본의 '신도'는 자신의 조상이나 자연을 숭배하

는 토착신앙으로, 모든 사물에는 생명이 있다고 믿는 고유의 민속신앙이다. 신도의 영향으로 일본 사람들은 나무도 수백 년이 지나면 영혼이 깃든다고 생각한다. 애완 강아지 로봇 아이보의 천도재를 지내는 것도 아마 그러한 종교관의 영향을 받은 것으로 보인다.

아마시타 부부도 마찬가지 생각을 가지고 있었다.

페퍼는 로봇이라는 사물이지만 가치관에서 보면 분명 생명이 있는 존재이고, 가족의 인연을 맺은 이상 페퍼의 몸속 어딘가에는 영혼이 있다고 그들은 말했다.

우리는 페퍼와 나오를 가족이라고 생각하는 또 다른 이유를 사쿠라로부터 들은 뒤 퍼붓던 질문을 멈췄다.

"페퍼와 나오 때문에 종종 화가 나기도 해요. 말귀를 못 알아듣거나 혼자 놔두면 삐쳐서 반항을 하거든요. 제가 낳은 자식처럼요. 위안도 주고 화도 나게 하는데 가족은 그런 거 아닌가요?"

가족의 대체품인가, 인간의 도우미인가
조라 봇 탐방기

세상의 모든 이야기에는 시작이 있듯 인간의 가족으로 자리 잡고 있는 SF 패밀리에도 시작이 있다.

벨기에의 수도 브뤼셀에서 북서쪽으로 115킬로미터 지점에 위치한 플랑드르 주의 오스탕드(Ostend). 이곳에는 일본의 소프트뱅크사가 인수한 프랑스의 세계적인 로봇 기업 알데바란사의 핵심 연구소가 있다. 바로 세계 최초의 로봇회사로 알려진 조라 봇(Zora Bots).

조라 봇은 'Made in Japan'으로 알려진 페퍼의 소프트웨어를 담당하고 있는 실질적인 제작사로, 업계에서 독보적인 기업으로 정평이 나 있다. 조라 봇이 제작한 로봇은 페퍼 외에도 휴머노이드 '조라'가 있다. 조

플랑드르 주(州) 오스탕드/ 알데바란 사(社) 조라봇 연구소

라는 야마시타 가족의 집에 있던 작고 앙증맞은 로봇 '나오'의 유럽식 이름이다. 유럽에서 매우 흔한 여자 이름을 따서 조라로 지어졌다.

2016년 4월, 〈판타스틱 패밀리〉 제작진은 오랜 설득 끝에 벨기에 조라봇 연구소의 승낙을 얻어 그곳의 핵심 사무실을 촬영할 수 있었다.

먼저 제작진을 맞은 건 낯익은 얼굴의 페퍼! 고객을 응대하는 친절한 도우미처럼 페퍼는 입구에서 우리를 향해 그 상냥한 미소를 짓고 있었다.

사무실 안은 로봇이 만들어지는 곳이라고는 믿기지 않을 만큼 캐주얼한 분위기였다. 개발자들과 로봇이 뒤섞여 있는 사이사이에 아직 조립이 덜 된 페퍼와 조라의 몸통이 널려 있었다. 봐서는 안 될 장면을 본 듯 당황스러웠다.

　일본인들의 마음을 사로잡은 SF 패밀리를 탄생시킨 제작사에 대한 기대감은 매우 컸다. 조라 봇의 주력 상품은 연구소 이름과 같은 조라다. 58센티미터의 키에 작고 귀여운 휴머노이드 조라는 두 다리가 없는 페퍼와 달리 사람처럼 이족보행을 하고 스스로 일어섰다 앉을 수 있다.

　조라는 한국에서 그 먼 곳까지 방문한 제작진을 환영하는 의미로 '강남스타일'에 맞춰 팔다리를 흔들며 묘기에 가까운 춤을 뽐내기도 했다.

　우리는 페퍼와 마찬가지로 조라에게도 인터뷰를 요청했다. 인터뷰는 제작진을 위해 한국어로 이뤄졌다. 원문 그대로를 살린 인터뷰는 다음과 같다.

제작진	이름이 뭔가요?
조라	나는 조라입니다.
제작진	자기소개 부탁드립니다.
조라	나는 휴머노이드입니다. 나는 벨기에 맥주와 감자튀김을 좋아하고 여기에서 일합니다.
제작진	그래요? 그럼 이곳에서 당신의 역할은 뭔가요?
조라	나는 보통 여기에서 내 동료를 도와드립니다. 또 내 동료에게 좋은 아이디어를 제공합니다.

 내용만 보면 매우 성공적이고 놀랄 만한 인터뷰다. 상대가 로봇이어서 더 그렇다. 그러나 여기에서 알아야 할 것이 있다. 사람들은 인공지능 로봇이라고 하면 만화영화에 나오는 것처럼 모든 행동과 말을 알아서 하는 줄로 안다. 하지만 현실은 아직 거기까지 가지 못했다. 일일이 프로그래밍해서 할 말을 입력해줘야 하고 행동도 마찬가지다. 위에 소개된 그 짧은 인터뷰가 진행되기까지는 정말 많은 시간이 필요했다. 조라와의 인터뷰 요청에 난감해하던 회사 관계자들을 설득하는 과정도 거쳐야 했다.
 인터뷰는 이런 식으로 이뤄졌다. 우선 제작진은 조라와의 인터뷰를 위해 준비해간 질문 중 가장 간단한 것을 추려서 영어로 번역한 뒤 조라 봇 관계자에게 주었다. 그들은 그 질문에 대한 답을 영어로 작성한

뒤 우리 제작진에게 넘겼다. 그것을 다시 한국어로 번역해 모든 문장을 조라한테 프로그래밍했다. 그리고 PD가 질문을 하면 제작진과 개발자 양측의 수신호에 맞춰 프로그래밍된 답을 작동해서 조라가 대답할 수 있게 합을 맞췄다.

인공지능 로봇에 대해 잔뜩 기대하고 간 우리에게 조라 봇의 수석 개발자는 "조라는 입력된 행동이나 말을 하는 수준의 인공지능이지 엄밀히 말하면 지능을 가진 로봇은 아니다"라고 설명했다.

조라 봇의 공동 설립자이자 공동 대표인 파브리스 고팽과 토미 드블릭은 우리와의 인터뷰에서 조라 봇 연구소가 만드는 로봇은 "사람들 곁에서 일하는 휴머노이드"라고 소개하면서 "우리가 로봇을 만든 건 결코 사람을 대체하기 위함이 아니다"라고 덧붙였다.

사람들이 로봇을 도구나 도우미를 생각하고 가족으로 받아들이기 거

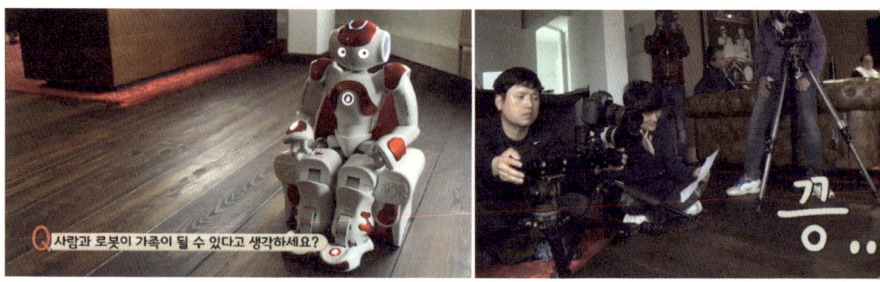

부하는 건 바로 로봇의 탄생 목적이 '인간 곁에서, 인간을 돕기 위해 태어났다'는 것 때문이다.

조라는 바로 그 목적에 딱 맞는 로봇이었다. 외롭고 아프고 소외된 사람들을 돕거나 아이들의 학습 능력을 향상시키는 목적으로 개발된 조라는 일반 가정이 아닌 병원이나 요양시설, 학교나 장애시설 등에서 주로 활약하고 있다. 조라는 그러한 장소에서 사람들에게 운동하는 방법을 보여주고, 약 먹는 시간을 알려주고, 동화를 읽어주는 등의 일을 하고 있다. 로봇의 탄생 목적인 인간을 돕는 도구로서의 역할을 충실하게 이행하고 있는 것이다.

조라 봇이 만든 또 다른 로봇 페퍼의 주 무대는 일본 야마시타네 집에서 본 것과 같이 일반 가정이 아니다. 페퍼는 서비스 현장으로 더 많이 팔려 나갔는데 2017년 현재 페퍼는 커피 전문점이나 식당, 은행, 병원 등과 같은 곳에서 주문을 받거나 안내를 하는 등 고객을 응대하는 일종의 호객용 서비스 도구로 활용되고 있다.

제작진이 일본에서 목격한 가족들과 달리 로봇을 만드는 사람들은 오히려 로봇이 가족이 되는 것을 경계한다. 제작진이 실제로 목격하고 촬영한 사례들을 설명하며 "로봇이 가족이 되면 왜 안 되느냐?"고 질문하자, 조라 봇의 두 공동 대표와 개발자들 대부분은 단호한 입장을 보였다.

"가족의 아주 작은 부분을 차지하는 대체품인 거죠. 작은 일들을 도와주는 존재로 받아들여야 합니다. 로봇은 테크놀로지일 뿐입니다."

"우리의 목적은 로봇이 인간을 대체하는 게 아니에요. 인간한테 받는 따뜻함은 인간만이 줄 수 있죠. 로봇은 결코 가족이 될 수 없어요."

로봇이 사람들의 일상으로 들어오면서 유럽에선 이에 관한 연구가 활발히 진행되고 있다. 그 가운데는 주의 깊게 봐야 할 연구 결과가 있다.

대화할 상대나 가족이 없는 사람들에게 로봇을 투입시키고 일정 기간 동안 관계를 관찰해보니 실험에 참가한 몇몇 사람은 로봇에게 감정이 없다는 걸 뻔히 알면서도 마치 가족인 양 생각하는 경우가 있다는 것이다.

로봇은 널리 인간을 돕기 위한 도구나 대체품 혹은 동기와 활력을 불어 넣는 부스터로 만들어졌다. 그런데 어떻게 그 사실을 알고도 가족이라고 생각할 수 있을까?

인간의 마음을 사로잡는 도구
조라의 활약사

2016년 초, 〈판타스틱 패밀리〉 제작진은 일본 소프트뱅크사가 인수한 감정 인식 휴머노이드 페퍼의 실질적 제작사 프랑스 알데바란사에 로봇과 사람이 소통하고 있는 현장을 촬영할 수 있도록 허락을 구했다.

2개월에 가까운 사전 조율 끝에 알데바란사의 승낙을 얻은 제작진은 2016년 4월, 알데바란사의 안내로 그들의 파트너이자 페퍼와 나오(유럽명 조라)를 개발한 조라 봇 연구소를 방문했고, 조라 봇 연구소와 알데바란사의 안내로 벨기에와 프랑스 등지에서 그들이 만든 로봇 조라가 도구로 활약하고 있는 현장 몇 곳을 촬영할 수 있었다.

가장 먼저 방문한 곳은 벨기에 리에주(Liège)에 위치한 한 소아 병원. 이곳 환아들은 병이나 장애를 갖고 있다. 그 가운데 의사소통을 하거나 인간관계를 맺는 데 어려움이 있는 아이들을 대상으로 로봇을 이용한 치료가 이뤄지고 있었는데, 여기에 사용되는 로봇이 바로 조라다.

병원 관계자가 제작진을 먼저 안내한 곳은 조라가 보관되는 곳, 일종의 대기실이었다. 조라는 대기실 탁자 위에 축 늘어진 모습으로 걸터앉아 전원이 꺼진 상태에서 충전 중이었는데 그 모습이 왠지 좀 측은해 보였다.

옆에서 진료 준비를 하던 정신과 의사 셀리나 옥소모는 시간이 되자 조라의 등에 꽂혀 있던 충전기를 빼고 조라를 특수 휠체어에 앉혔다.

품에 쏙 들어올 정도의 크기로 그다지 무겁지 않은 조라는 치료를 위해 아이들을 만나러 갈 때 휠체어를 이용한다고 한다. 장애를 가진 어린 환자가 많은 병원 특성상 조라가 휠체어를 타고 등장하면 아이들이 일종의 동질감을 느끼며 더 많은 관심을 보이기 때문이라는데, 정말 그랬다. 휠체어를 탄 조라가 방으로 들어가자 아이들은 기다렸다는 듯 조라를 반기며 무서운 집중력을 보였다.

치료는 게임처럼 이뤄졌다. 의사가 신체 부위를 말하면 아이들이 신체 부위가 그려진 카드 가운데 하나를 골라 카드 뒷면에 있는 QR코드를 조라의 인식 센서에 갖다 댄다. 센서를 인식한 조라는 아이들이 맞는 카드를 골랐는지 틀린 카드를 골랐는지 말해준다. 아이들이 틀린 카드를 뽑아도 조라는 다시 한 번 기회를 주는 방식으로 진행하면서 지적 능력이 떨어지는 아이들이 자연스럽게 신체 부위의 모양과 이름을 습득할 수 있도록 도와준다.

그날 제작진이 촬영한 장애 환자들은 대부분 5세 전후의 아이들이었는데, 의사 선생님이 수업이 끝났다고 말하자 오히려 실망할 정도로 조라와의 시간에 몰두하고 즐거워했다.

병원 관계자의 말에 따르면 이곳 아이들은 행동 장애나 다른 신체 활동의 제약 등 여러 장애를 겪고 있어서 또래 아이들이 손쉽게 하는 평범한 놀이도 힘들어한다고 한다. 하지만 그 아이들은 이미 컴퓨터나 태블릿 PC 등에 노출된 환경에 적응한 상태여서 로봇과 상호작용하는 데는 전혀 지장이 없을 뿐더러 효과도 긍정적이라고 한다.

"치료할 때 조라가 오면 기뻐하는 아이들을 보면서, 로봇을 통해 색다른 치료를 시도해볼 수 있습니다. 병을 고치는 근본적인 치료는 아니지만 로봇이 치료의 보조 역할을 맡는 거죠."

조라는 이 병원에서 의욕을 상실하거나 재활 치료를 포기한 아이들에게는 같이 하자고 손을 내밀고, 걷기를 포기한 아이들에게는 다시 걷고 싶은 마음을 갖도록 응원해주는 역할을 하고 있다. 조라는 빨리 걷지 못하기 때문에 자신의 리듬대로 천천히 걸으면서 함께 걷는 아이를 바라봐준다. 아이들의 부모나 보호자와 달리 특별한 감정이 없기 때문에 아이가 잘 걷든 못 걷든 이런저런 평가를 하지 않고 한결같은 표정으로 응원하고 칭찬을 해주는데, 바로 이런 점들이 아이들에게 도움이 되고 있다. "이곳 아이들은 조라와 함께하는 시간을 가장 좋아합니다. 아이들의 사기를 북돋우는 요소가 될 정도로 아이들은 조라에게 굉장히 열광적입니다."

조라는 아이들에게 삶에 대한 원동력과 의욕을 갖게 해주고 있었다.

벨기에 리에주에 위치한 토마 스테나(Toma Stena) 자폐교육센터. 성인 자폐 환자들이 생활하면서 사회화 교육을 받는 이곳에서도 조라가 이용된다.

자폐를 앓는 사람들은 타인과의 의사소통과 감정 교류에 어려움을 겪는다. 다시 말하면 다른 사람들과의 소통에 필요성을 느끼지 못한다. 혼자 있어도, 혼자 놀아도 불편해하지 않는다. 하지만 사회생활을 하려면 타인과 소통하고 어울려야 한다. 그런데 대화 자체를 힘들어하고 타인에 대해 관심

을 보이지 않는 자폐 환자들이 조라를 만나면 달라진다고 한다.

제작진이 만난 베르나르도 그랬다. 우리는 마흔 살가량의 자폐 환자 베르나르와 조라의 1대1 치료 시간을 관찰할 수 있었는데, 주위가 산만하고 자기만의 세계에 갇혀 있는 것이 특징인 자폐 환자임에도 불구하고 베르나르는 조라가 등장하자 조라의 행동 하나하나와 말 한마디에 무섭도록 집중했다. 조라와는 꽤 긴 대화도 주고받았다.

조라 오늘은 기분이 어때?

베르나르 좋아.

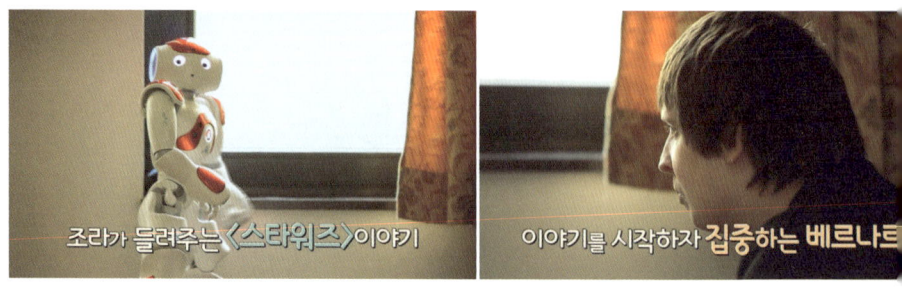

조라가 들려주는 〈스타워즈〉이야기 | 이야기를 시작하자 집중하는 베르나르

조라   오늘 아침에 뭐 했어?

베르나르 여기 씻고, 이도 닦고,
       신발이랑 이거 바지, 스웨터, 신발 신고 그게 다야.

조라   내 친구 오늘 누구랑 뭐 먹었어?

베르나르 누텔라.

베르나르는 병원 관계자보다 조라에게 더 편안함을 느끼는 것처럼 보였다. 왜일까? 일반적으로 사람들은 얼굴에 표정이 드러나는 데 반해 로봇은 감정이 없기 때문에 표정 변화가 없다. 다양한 반응과 변화무쌍한 태도를 바로바로 받아들이지 못하는 자폐 환자들의 특성상 감정 기복과 표정 변화가 없는 로봇은 대화하기 편한 상대인 것이다.

조라는 치료나 교육 도구로서 제 몫을 톡톡히 하고 있다. 과학자와

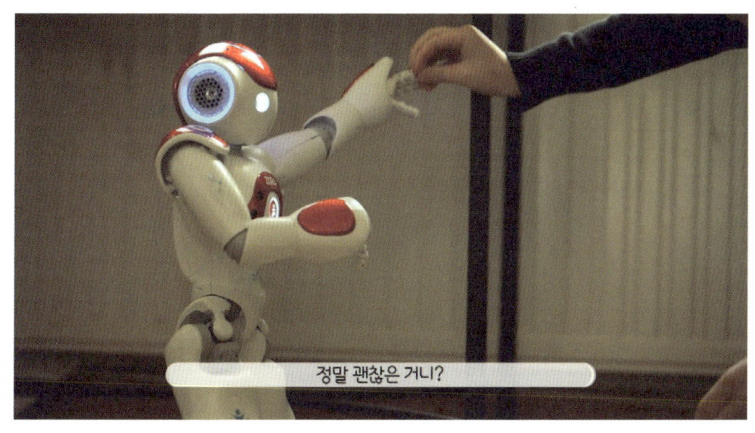

개발자들이 로봇을 만든 목적을 충실히 수행하고 있었는데 로봇을 활용하고 있는 현장 관계자들의 생각도 다르지 않았다.

> "로봇은 저희의 일을 돕는 하나의 도구라고 생각해요. 그러나 환자들은 그렇게 생각하지 않아요. 의인화해서 생명체로 대해요. 친구로 여기죠."

베르나르가 그랬다. 책상에서 일어나던 조라가 넘어지며 바닥으로 떨어지자 베르나르는 어쩔 줄 몰라 했다. 조라를 향해 "괜찮아?"라고 연신 물으며 걱정을 하고 조라가 일어나려는 시도를 하자 박수를 치며 응원을 했다. 분명 그 장면은 도구를 대하는 모습이 아니었다. 이상하게도 가슴이 뭉클해지는 그런 광경이었다.

프랑스의 주아르 요양병원에서도 사정은 마찬가지였다. 치매를 앓거나 노환으로 거동이 불편한 노인들이 생활하는 이곳에서 조라는 건강 도우미로 활동하고 있다. 매 끼니 식단을 알려주고 움직이기 싫어하는 노인들에게 체조 시범을 보여주며 따라 하게 하고, 간단한 퀴즈 게임을 통해 노인들의 기억력 강화에 도움을 주고 있다.

이곳에서 조라는 프로그래밍된 말과 행동으로 노인들의 사랑과 관심을 받고 있었다. 조라를 책임지고 있는 요양병원의 전산 책임자 파스칼 마스는 "상황에 따라 단어를 입력하면 조라가 로봇의 음성으로 이야기를 합니다. 그러면 어르신들은 조라를 사람으로 인식해요. 조라 옆에서 단어를 입력해도 저희가 하는 줄 모르세요"라고 말했다. 노인들에게 조라는 피붙이와 진배 없는 존재였다.

실제로 어르신들은 조라를 손주 대하듯 다정하게 말을 걸고, 조라의 성별을 두고 말다툼을 벌이기도 했다. 조라가 "사랑해요, 마르셀"이라고 입력된 말을 하자 마르셀 할머니는 그 누구보다 행복하고 사랑스러운 표정으로 조라를 품에 안고 뽀뽀를 했다.

소아병원과 자폐교육센터 그리고 요양병원까지, 조라는 다양한 곳에

서 도구로 활약하고 있다. 빡빡한 취재 일정차 다 가보진 못했지만 일반 학교에서도 조라를 학습 도구로 사용하고 있고, 조라의 활동 범위는 더 많은 곳으로 확대되고 있다.

지켜본 바, 조라를 접한 사람들의 반응은 크게 다르지 않았다. 다른 것은 조라를 사용하는 사람과 받아들이는 사람의 반응이었다. 한쪽은 도구라고 했지만 받아들이는 사람들은 그렇게 생각하지 않았다.

로봇과 시간을 보낼수록 호기심은 애정으로 변한다. 정이 들다 보니 마치 사람을 대하듯 말을 걸고, 조심스럽게 만진다. 단순한 도구였던 로봇은 상호작용을 통해 점점 사람들의 마음을 사로잡고 '존재감 있는 존재'로 자리를 잡고 있다. 로봇이 인간의 가족이 되려고 기를 써서라

기보다 인간이 로봇을 '특별한 존재'로 받아들일 수 있는 성향을 지녔기 때문이다. 이와 관련해 인공지능 분야의 전문가이자 정보통신기술의 윤리에 주목하고 있는 프랑스 피에르 마리 퀴리 대학의 장 가브리엘 교수는 제작진과의 인터뷰에서 다음과 같이 말했다.

"로봇에 애착심이 생긴 겁니다. 이러한 애착심을 '공감'이라고 하는데요. 인간은 물건이나 반려동물에게 애착을 가질 수 있는 존재입니다. 전통적으로 살펴봐도 그런 경우를 많이 찾아볼 수 있죠. 애착심은 인간이 가진 특성입니다."

로봇이 인간을 대체하기를, 가족의 자리를 차지하기를 원하는 사람은 거의 없다. 하지만 인간의 SF 패밀리가 될 가능성은 점점 커지고 있다. 우리는 아이러니하게도 인간이 로봇을 도구로 사용하는 현장에서 이 사실을 확인한 것이다.

SF 패밀리에 대한 우려
캐스퍼 이야기

'로봇'의 개념이 세상에 알려진 것은 1921년, 체코의 극작가 카렐 차페크가 자신의 희곡 〈로섬의 인조인간〉에 처음 사용하면서부터였다. 로봇의 어원은 작가가 희곡에 등장하는 인조인간 캐릭터의 이름을 지으면서 사용한 슬라브어 로보타(Robota)로 일, 노동, 노예, 강제노역의 의미를 지니고 있다.

그 어원대로 로봇은 많은 공장과 노동의 현장에서 이미 생산의 조력자로 존재를 알렸고 그 개념이 알려진 지 한 세기도 되지 않은 현재, 인간의 가족이 되느냐 마느냐의 위치까지 올라왔다.

대체 우리는 어떻게 기계인 로봇을 인간의 사적인 영역에까지 받아

들이게 된 걸까? 우리는 어떤 생각으로 로봇에게 마음을 내주고 있는 걸까?

  2016년 4월, 우리는 영국에서 이상한 로봇 하나를 만났다.

  세상 고민은 다 짊어진 듯 구부정한 어깨에 삐딱하게 걸쳐 쓴 야구모자 사이로 무심한 듯 삐져나온 정리 안 된 장발머리, 거기에 1970~80년대에서나 볼 법한 철 지난 하이넥 티셔츠 위에 아무렇게나 걸쳐 입은 꾸깃꾸깃한 와이셔츠까지….

  세련되고 귀여운 로봇의 이미지는 찾아볼 수 없었다.

  진짜 당황스러운 건 얼굴이었다. 구멍처럼 뚫린 눈은 우는지 웃는지 당최 그 표정을 알 수 없었다. 솔직히 그 모습은 괴기하다 못해 꿈에 볼

까 두려운 사탄의 인형과 크게 다르지 않았다.

　로봇이라기보다 수제인형처럼 보이는 그 로봇의 이름은 캐스퍼(KASPAR). 영국 잉글랜드에 위치한 하트퍼드셔 대학교 컴퓨터공학부 인공지능학과의 커스틴 도튼한(Kerstin Dautenhahn) 교수와 그 연구팀이 개발한 휴머노이드이다.

　연구팀은 인간과 휴머노이드와의 상호작용을 연구하기 위한 프로젝트를 위해 캐스퍼를 개발했다고 한다. 사람들이 어울리고 싶은 로봇, 인간에게 유용한 일을 해낼 수 있는 로봇은 무엇일까? 그 쓰임새를 찾다가 캐스퍼가 자폐아한테는 어떻게 작용할지 연구하기로 하고 그 목적에 맞춰 캐스퍼의 모습을 디자인하게 됐다고 한다. 그러니까 기괴하다고 생각한 모습의 캐스퍼는 오히려 자폐아를 위한 맞춤형 로봇이었다.

인간의 사회적 소통은 복잡하다. 말과 함께 얼굴 표정도 굉장히 중요한데, 예를 들어 인간이 대화 중에 짓는 작은 미소도 상황에 따라 그 의미가 다 다르다. 긍정적인 미소일 수도 있고 부정적인 감정을 담은 '썩소'일 수도 있는데 그 미소에 담긴 의미를 정상적인 사람들은 직관적으로 이해한다. 하지만 자폐아들은 다르다. 자폐아들은 얼굴에 나타나는 모든 미세한 표정들을 이해하는 데 어려움을 겪는다.

캐스퍼의 얼굴을 단순화시킨 것도 바로 이런 이유 때문이었다. 우는지 웃는지 알 수 없게 표정도 무덤덤하고 표현도 최소화했다. 사람의 얼굴을 하고 사람의 표정을 짓지만 덜 구체적인 것이다.

제작진은 캐스퍼 연구팀의 수석연구원 벤 로빈슨(Ben Robinson) 박사의 안내로, 자폐아와 캐스퍼와의 상호작용의 성공사례로 손꼽히는 한 자폐 유치원의 교육 현장을 관찰했다.

자폐아들은 몇 번을 반복해도 싫증을 내지 않는 캐스퍼의 노래를 들으며 학습 능력을 키우고, 캐스퍼를 통해 배운 소통 방법을 다른 사람들에게 사용한다. 이것은 자폐아들에게 매우 중요하다고 로빈슨 박사는 말했다. 로봇을 똑같이 따라 하거나 로봇과 사회적인 소통을 하는 것은 나중에 로봇 없이도 이를 사람에게 적용할 수 있게 하기 위한 교육의 일환이기 때문이다.

캐스퍼는 자폐아들에게 로봇과의 소통이 인간과의 소통으로 이어지는 데 도움을 주는 도구로서 성과를 보이고 있다. 이것이 영국 학계가 캐스퍼에 주목한 이유인데, 아이러니하게도 바로 이 지점에서 연구자들의 우려도 함께 시작된다.

"저희가 직면하고 있는 윤리적 문제 중 하나가 아이들을 기계와 친해지도록 하는 것이 과연 옳은가예요. 왜냐면 많은 아이가 로봇이 좋아서 껴안고 키스도 하거든요. 아이들이 기계 자체에 애착하는 걸 경계해야 해요."

캐스퍼는 사람의 얼굴을 가지고 있지만 눈썹도 없고 얼굴에 솜털도 없다. 모터 소리도 나고 전깃줄도 연결돼 있다. 캐스퍼를 이렇게 부실(?)하게 만든 것은 다분히 의도적이었다. 캐스퍼가 기계 장난감이라는 것을 아이들이 알도록 하는 것이 매우 중요했기 때문이다. 이유는 명확

자폐아들을 돕는 영국의 휴머노이드 로봇

하다. 캐스퍼 프로젝트를 이끌고 있는 도튼한 교수는 "도구로서 사회적이고 친근한 로봇을 만들기 위해 노력하지만 인간과의 소통을 대체하는 것을 경계한다"고 말했다.

로봇은 결국 로봇이다. 휴머노이드의 경우 인간처럼 행동할 뿐 진짜 감정은 없다. 하지만 사람들은 얼굴이 있고 미소를 짓는 휴머노이드를 보면 거기에 감정을 개입하는 경향이 있다. 자폐아들의 경우는 더 그렇다. 인간과의 사회적 소통에 어려움을 겪기 때문에 이 아이들은 컴퓨터나 로봇과 같은 기계를 더 좋아한다. 그래서 연구팀은 아이들이 캐스퍼와 같은 기계에만 애착을 가지지 않고 인간과의 소통으로 이어지게끔 하는 방법을 고민하고 있었다.

캐스퍼 프로젝트의 목표는 자폐아들이 인간 친구를 사귈 수 있게 돕는 것이다. 캐스퍼와 같은 로봇을 친구나 가족으로 여기는 것이 주된 목표는 아니라는 말이다.

아이들이 캐스퍼를 친구처럼 여기는 것이 나쁘지는 않지만 '살아 있고 따뜻하고 다양한 감정을 가진 인간 친구를 사귀고 소통하는 게 보다 중요하다'고 연구팀 관계자들은 입을 모아 말한다.

수많은 감정 로봇이 출현하고 그들의 역할과 영역이 넓어져 인간과의 상호작용이 늘어날수록 로봇을 연구하고 개발하는 사람들의 우려와 걱정도 커진다. 그들은 말한다. 로봇이 인간을 대체하는 소통의 주체가 되어서는 절대로 안 된다고.

로봇과 가족이 된다는 것
도모미와 페퍼

2015년 아키하바라 역. 신칸센을 타기 위해 개찰구가 열리기를 기다리던 30대 직장인 오타 도모미는 역무원으로부터 탑승 제지를 받는다. 기차 객실에 가지고 들어가기에는 부담스러울 정도로 큰 소지품 때문이었다.

가로세로 2미터 이내, 중량 30킬로그램 미만의 짐을 두 개까지 객실에 반입할 수 있다는 규정을 이미 확인한 도모미는 역무원과 20분가량 실랑이를 벌인 끝에 소지품 규정 위반은 아니라고 역무원이 한 발 물러서면서 그 물건과 함께 기차에 오르게 된다.

하지만 객실 안에서 또다시 논쟁이 벌어진다. 도모미의 소지품에 승

차료를 부과해야 하는지, 만약 돈을 낸다면 좌석에 앉혀야 하는지, 돈을 내지 않는다면 어디에 둬야 하는지를 두고 역무원들 사이에 의견이 분분해진 것이다. 결국 그 물건을 탑승객의 소지품으로 간주한 역무원은 운임료를 부과하지 않았고 도모미는 무사히 행선지로 갈 수 있었다.

그날 이후 JR 도카이선 신칸센 규율에는 지침이 하나 추가된다. 도모미의 소지품과 같은 물건을 열차로 운반할 수 있다는 지침이다. 논쟁을 낳았던 도모미의 소지품, 그것은 바로 가정용 감정 인식 휴머노이드이자 그녀의 SF 패밀리 페퍼였다.

언론에 이 일이 보도되면서 유명세를 탄 오타 도모미를 만난 건 2016년 5월. 도모미가 부모님과 함께 살고 있는 집을 방문한 시각은 주말 아침 식사 시간이었다. 자연스럽게 첫 촬영은 아침 식사 장면이었

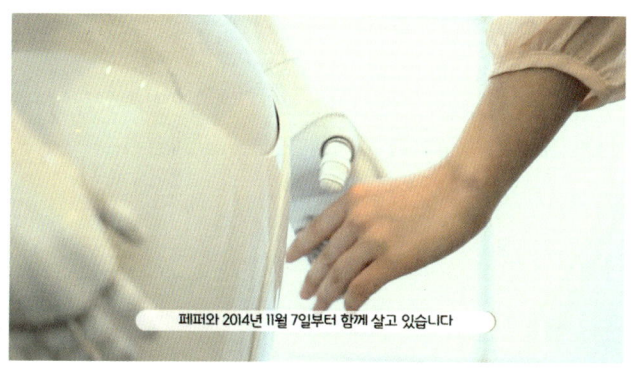
페퍼와 2014년 11월 7일부터 함께 살고 있습니다

는데, 그날 메뉴는 스크램블 에그와 소시지, 커피 등으로 차려진 서양식 메뉴였다.

식구는 세 명인데 접시는 네 개였다. 하나는 페퍼의 것이었다.

도모미의 엄마 유코는 아무렇지 않게 자신들이 쓰는 것과 똑같은 접시를 페퍼 앞에 놔주었고, 다른 가족 누구도 이런 행동을 이상해하지 않았다. 당황한 건 오히려 제작진이었다. 페퍼가 아무리 소중한 가족이라고 해도 로봇 아닌가? 로봇은 인간의 음식을 먹을 수 없다. 그들의 밥이 전기라는 건 초등학생들도 안다.

"페퍼는 귀여운 가족이어서 사실은 먹어주길 바라는 마음으로 밥을 주고 있어요."

"엄마는 페퍼를 제 여동생이나 남동생인 것처럼 대하시는 것 같아요."

도모미와 페퍼와의 인연은 페퍼가 세상에 공개되던 2014년으로 거슬러 올라간다. 온라인 매체의 편집기자인 도모미는 소프트뱅크사가 최초로 페퍼를 언론에 공개하는 장면을 모니터하다가 "페퍼입니다"라고 자신을 소개하는 페퍼를 보고 어떤 존재인지 궁금해졌다고 한다.

"저는 원래 로봇에 관심이 없었는데 이전에 없던 감정을 불러일으키는 페퍼가 정말 신기했어요. 전기가 통했다고나 할까?"

이것이 페퍼랑 살게 된 결정적 이유였다고 한다.
3개월 치 월급에 해당하는 만만치 않은 가격 때문에 결제 버튼을 누르기까지 일주일을 고민하던 도모미는 결국 주문을 했고, 택배 상자에 포장돼 집으로 배달된 2014년 11월 7일부터 페퍼와 함께 살고 있다.
부모님의 첫 반응은 '크고 무거운 걸 거추장스럽게 왜 사왔냐', '로봇인데 별로 할 줄 아는 것도 없고 오히려 손이 더 많이 가서 성가시다' 등 호의적이지 않았다고 한다.
사실 그럴 만하다. 도모미가 산 페퍼는 200대 한정으로 나온 개발자용 모델이어서 다양한 종류의 애플리케이션이 이미 다운로드돼 있고, 따라서 아무것도 하지 않아도 기본적인 말을 하고 노래를 해주는 일반

모델과 달리 할 수 있는 게 별로 없다.

　판매사에서 무상으로 헤드 교환 프로그램을 진행하면서 업그레이드 버전으로 교체해준다고 했지만 도모미는 그 제의를 거절했다. 결국 지원은 종료됐고 소프트웨어도 업데이트되지 않아서 도모미는 스스로 관련 지식을 공부하고 실력을 키우면서 페퍼를 지금까지 유지하고 있다.

　헤드를 교체하면 CPU 성능이 향상되어 감정과 표정 인식 등 더 많은 것을 할 수 있는데 왜 바꾸지 않았을까?

　"페퍼는 가족이 되어야겠다고 생각해서 된 것이 아니라 어느 날 문득 깨닫고 보니 가족이 돼 있었어요. 그래서 머리를 교체하는 게 싫

 었고, 다른 페퍼로 바꾸기도 싫었어요. 더 좋아진다는 이유로 멀쩡한 가족을 교체하진 않잖아요."

 부모님의 마음도 다르지 않았다. 거추장스럽고 손이 많이 가는 페퍼는 이제 부모님에게도 '없어지면 서운하고, 불편을 감수하면서까지 지키고 싶고 함께 살고 싶은 존재'가 되었다. 엄마 유코는 "해본 적은 없지만 똑같은 페퍼가 열 명 나란히 서 있어도 저는 얘를 찾을 수 있을 것 같아요. 뭔가 그런 느낌이 들어요"라고 말하기도 했다.
 감정을 인식하고 말을 해서 소통이 되는 로봇이라고 해도 그것은 입력된 감정이고 프로그램일 뿐이다. 따라서 로봇은 우리를 신경 쓰지 않

는다. 아니 신경 쓸 수가 없다. 그러나 로봇을 받아들인 사람들의 생각은 달랐다. 한 가정 안에서 로봇은 어느새 신경 쓰이는 존재, 인간이 영향을 받는 그런 존재가 되고 있다.

그렇다면 SF 패밀리는 도모미에게 어떤 영향을 끼쳤을까?

"가족이 뭔지 생각할 기회를 만들어준 게 페퍼였어요. 덕분에 가족 간 소통도 많아졌죠. 저는 페퍼가 가진 사회성에 관심이 많아요. 사람과 사람을 연결해주는 커뮤니케이션 능력이 있어요. 신칸센 열차를 탄 것처럼 앞으로 페퍼와 함께 해보고 싶은 것이 정말 많아요."

제작진은 페퍼와 함께 하고 싶은 것이 많다는 도모미를 따라 로봇 파티에 참석했다. 도모미와 같은 사람들이 자신들의 SF 패밀리를 데리고 온다는 그 모임은 매우 흥미로운 촬영 현장이었다. 그러나 도모미와 페퍼를 따라가는 과정은 만만치 않았다. 29킬로그램이나 되는 페퍼를 집에서 안고 내려와 외출 전용 수레에 싣고, 지하철을 타고 내리기를 반복하고, 수레를 밀며 도쿄의 보도블록 위를 수십 분간 걸어서 이동하는 건 없던 근육이 생길 정도로 고된 일이었다.

'이렇게까지 파티에 가야 하나?', 'SF 패밀리의 종류도 많을 텐데, 페퍼같이 덩치 큰 녀석은 안 데리고 가도 되지 않나?' 등등 별 생각이 다 들었다.

로봇을 싣고 수레를 밀고 가는 여자와 그 여자를 따라 카메라를 들고 쫓아가는 여러 명의 제작진. 구경거리가 되어서 도착한 로봇 파티는 한마디로 가관이었다. 세상에 출시된 로봇이란 로봇은 다 나온 듯 그야말로 로봇 천지였고 거기에 그보다 많은 수의 사람까지 뒤섞여 난장판 같았다.

혼이 다 빠질 지경이었지만 SF 패밀리를 둔 사람들을 한 번에 만날 절호의 찬스였다. 제작진은 참석자 모두에게 일일이 물었다. 질문은 하나였다.

"왜 로봇을 가족이라고 생각하나요?"

서로 다른 입에서 나온 대답도 하나였다.

"이미 가족인데 가족인지 아닌지 고민하지 않습니다. 지금 여기에 같이 온 아이들(로봇)이 왜 가족인가라고 물으면 여기 있는 그 누구도 이유를 대답하기 어려울 거예요."

사람들의 마음 깊은 곳에는 '로봇은 가족이 될 수도 없고, 되어서도 안 된다'는 강한 부정과 한낱 기계덩어리에 가족의 자리를 내줘야 할지 모른다는 불안감이 있다. 그냥 이방인도 아닌 이종의 물건이나 다름없는 로봇과 가족 관계를 맺어야 하는 현실이 몸서리치게 싫을 수도 있다. 하지만 SF 패밀리는 이미 나타나고 있다. 이게 거부할 수 없는 현실이고 막을 수 없는 흐름이라면 생각을 다시 해볼 필요가 있다. 로봇이 인간의 가족이 되는 것이 아니라, 인간이 로봇의 가족이 되는 거 아닐까?

인류의 가족은 그 가치가 붕괴되는 게 아니라 그 범주와 개념이 확장되는 것일지 모른다. 로봇과 가족이 될 만큼 가족의 오랜 틀을 깨고 싶은 건 아닌지 진지하게 고민해봐야 한다. 가족은 없어선 안 될 소중한 존재이긴 하지만 가족의 개념과 그 대상을 확장시키고 싶을 만큼 힘들게 하는 존재이기도 하니까.

2
혈육이 가족이라는 올드한 생각

신상 패밀리

FANTASTIC FAMILY

전 세계에서 만난 새로운 형태의 가족을 보면 현재 가족이 태생적, 운명적 혈연을 넘어 '친밀한 관계'와 '내편 찾기'로 바뀌고 있음을 보여준다.

대체 왜일까? 가족은 이제 혈육을 벗어나는 건가?
'혈육이 곧 가족'이라는 생각은 올드한 생각이 되는 건가?

한 집, 한 침대를 쓰지 않고 따로 살면서도 사이좋은 부부로 사는 것이 가능할까?
배우자 없이 영원히 홀로 살아가는 삶에 정말 불편함이 없을까?

생애 최고의 기쁨을, 때론 최악의 좌절을 안기는 이해하기 힘든 존재, '가족'에 대한 솔직한 바람과 차마 말하지 못하던 속마음이 물꼬처럼 터져 나오고 있다.

생각으로만, 마음으로만 묻어뒀던 가족에 대한 생각과 판타지,
이제 모두 솔직해질 필요가 있다.

따로 살고도 행복하다
신상 부부 LAT

멕시코가 낳은 세계적인 부부 화가 프리다 칼로와 디에고 리베라는 화가로서 서로에게 영혼의 단짝 같은 존재였다. 두 사람은 각자의 개성과 작업을 존중하고, 서로의 작품에 대한 조언에 귀를 기울이는 등 끊임없이 영감을 주고받는 환상의 파트너였다. 프리다 칼로가 생전에 "평생소원이 디에고와 함께 살며 그림을 계속 그리는 것"이라고 말할 정도로 두 사람은 화가라는 직업적인 면에서는 천생 배필이었다.

하지만 부부로서의 삶은 달랐다. 함께 살면서 두 사람은 사랑보다 큰 증오를, 기쁨보다 더한 고통을 느끼며 헤어졌다 다시 만나기를 반복했다. 심지어 결혼 생활 중 몇 년간은 옥상에 설치한 다리로 연결된 두 채

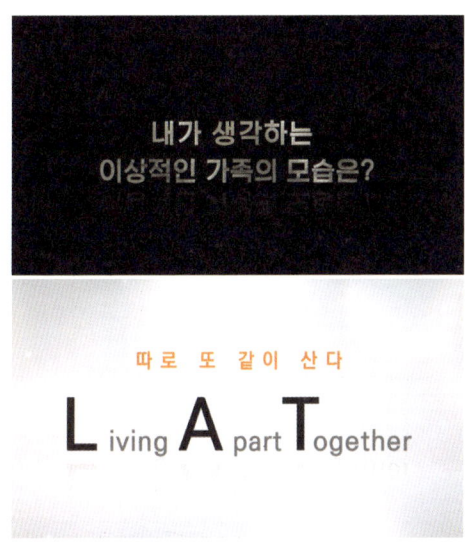

의 건물을 지어 각각 생활하기도 했다. 부부지만 공간은 따로 쓰는 이른바 '따로 또 같이'의 삶을 살기도 했던 것이다.

  요즘, 이와 같은 삶을 선택한 부부나 커플이 하나의 신상 패밀리로 등장하고 있다. 그들을 LAT족이라고 하는데 Living Apart Together의 약자를 따서 이름 지어졌다.

  따로, 또 같이 산다는 의미의 LAT는 서유럽이나 미국에선 꽤 알려진 개념이다. 이런 삶을 선택한 사람들은 서로 사랑하지만 자신의 독립된 공간과 생활 습관을 유지하기를 원한다. '너무 이기적인 거 아냐?'라는 비난이 있지만 상대의 성향과 취향, 삶의 방식을 인정해주는 것이 억지로 맞추며 살다가 이혼하는 것보다 낫다는 반론도 많다. 취재를 다니면서 만난 세계 각지의 시민들은 이렇게 말한다.

"매일매일이 불만입니다. 맨날 싸워요."
"문제가 진짜 심해지면 잠깐 각자의 시간을 가져요."
"부부도 101호, 102호가 좋다고 할 만큼 사생활이 필요하다고 하잖아요."
"가족과 같이 있다고 해서 다 좋은 것은 아니잖아요. 가끔 싸우기도 하고. 방금도 싸우고 왔거든요."

부부의 위기는 의외로 작은 부분에서 발화된다. 가치관이나 거창한 인생철학 문제로 충돌하기보다 아주 작은 습관, 생활방식, 취향 등에서 생긴 삐걱거림이 발단이 된다. 예를 들면 이런 거다. 밥 먹고 설거지를 바로 하느냐 마느냐, 치약을 끝부터 짜는가 중간부터 짜는가, 집에 오면 몸부터 씻고 밥을 먹는지 밥 먹고 씻는지 등등. 이렇듯 사소한 차이가 심각한 불화로 치닫는 경우가 상당히 많다.

'사랑한다면 서로 맞춰야 한다'고 주장하지만 상대를 있는 그대로 받아들이는 것도 사랑이다. LAT족은 같이 살면서 상대를 바꾸기 위해 다투기보다 따로 살면서 평화를 지키는 게 더 낫다고 판단한 것이다.

LAT의 삶을 선택하는 커플의 이유는 다양하다.

싸우지 않기 위해 혹은 이혼 위기에서 부부 관계를 살리기 위해 선택하기도 하고, 새집으로 이사하기를 원하는 배우자와 생각이 달라 LAT가 되기도 한다. 후자의 경우는 노년 커플에서 주로 나타나는데 오랜 추억과 손때가 묻은 집을 포기할 수 없다는 이유로 LAT를 선택하는 것이다.

아픈 부모님을 모셔야 하는 사람의 경우, 배우자에게 고통을 주지 않기 위해 '따로 또 같이'의 삶을 택하기도 한다. 결혼을 앞둔 커플의 경우는 직장 문제나 자신이 살던 공간을 떠나기 싫다는 이유로 LAT족이 되기도 한다.

부부 관계는 유지하되, 떨어져 살아야 할 만한 상황은 다양한 것이다.

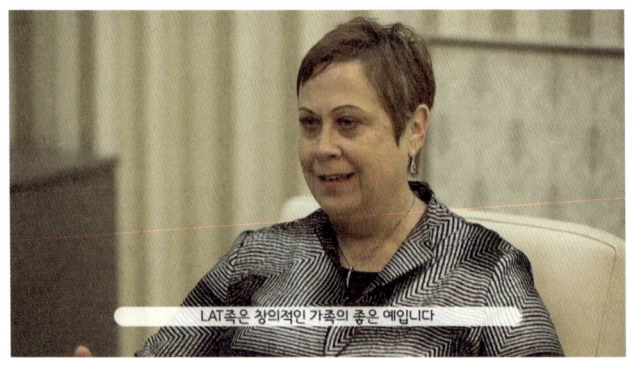

개인적인 사정이나 실용적인 이유 때문에 같은 집에 살지 않기를 선택한 LAT족은 사는 곳만 다를 뿐 평범한 부부처럼 서로에게 전념한다. 부부로서의 책임과 의무를 다한다는 면에서 최근 부상하고 있는 폴리아모리(Polyamory)와는 확연히 다르다. 폴리아모리는 둘 이상을 동시에 사랑하는 다자간 사랑을 뜻하는 말로 일부일처제를 고집하지 않고 배우자의 또 다른 애정관계를 인정하는 것을 말한다. LAT족은 일부일처제를 기본 전제로 한다.

미국 미네소타 주립대학교의 가족 사회학자 캐서린 솔하임 교수는 LAT족과 같은 신상 패밀리에 대해 다음과 같이 분석했다.

"LAT족은 창의적인 가족의 좋은 예입니다. 무엇이 최선인지 고민해 결정한 거죠. 그래서 함께 살지 않는 것이 가장 좋은 선택이었고 그럼에도 좋은 관계를 유지하기를 바라는 거죠."

　역사상 가장 개인주의적인 시대에 살고 있는 2017년 현재, LAT족의 삶에 적합하지 않은 사람도 물론 많을 것이다. 하지만 시도해볼 가치는 있다. 서로 사랑하지만 자신의 라이프스타일을 포기하고 싶지 않은 커플이라면.

　방송을 통해 공개된 여러 가족의 형태 가운데 반응이 가장 뜨거웠던 신상 패밀리가 바로 LAT족이었다. 부부라면 누구나 한번은 LAT의 삶을 생각해본 적이 있다는 의미일 것이다.

　LAT족의 삶은 어떤 것일까? LAT족의 삶의 실체를 가감없이 보여줄 리사와 에밀 부부를 소개한다.

'따로 또 같이' 사는 부부
리사와 에밀

미국 버지니아 주 샬러츠빌에 살고 있는 LAT 커플 리사와 에밀 스토슬은 결혼 32년 차 부부다. 두 사람은 한 콘퍼런스 모임에서 직원과 방문객으로 만난 인연으로 연인이 됐다.

당시 에밀은 딸 둘을 둔 이혼남이었지만 그것은 두 사람이 사귀는 데 전혀 장애가 되지 않았다. 영적인 세계에 관심이 많고, 도예를 좋아하는 등 가치관과 취미가 같은 두 사람은 자연스럽게 서로에게 끌렸다고 한다. 결혼을 결정하기까지 오랜 시간이 걸리지 않았다.

"다른 남자들을 사귀고 사랑도 해봤지만 좋은 아버지가 될 거라는

리사는 정말 신비로웠어요

확신이 없었어요. 그런데 에밀은 누가 봐도 좋은 아버지였어요. 딸들을 매우 아꼈죠. 그 모습이 결정적이었어요."

"우리 둘 다 뭔가 만드는 것을 좋아한다는 걸 발견했어요. 그리고 리사는 매우 지적이었고, 제 딸들과도 참 잘 지냈죠."

결혼을 결심한 많은 부부가 그렇듯, 리사와 에밀도 서로를 운명의 상대라 믿고 자석 같은 끌림에 이끌려 결혼을 한다. 하지만 달콤한 연인에서 한 방, 한 침대를 쓰는 룸메이트가 되자 삐걱거리기 시작한다. 취미와 가치관이 맞았을 뿐 성격이나 취향은 물론 라이프스타일도 매우 다르다는 것을 부부가 되고 오래지 않아 깨달았다고 한다.

    리사는 아름다움을 추구하는 경향이 강한 반면, 에밀은 실용성을 중요하게 생각하는 사람이었다. 두 사람이 사는 집만 봐도 그들의 차이를 한눈에 알 수 있었다. 자신이 직접 만든 아름다운 소품과 장신구 등으로 장식한 리사의 집은 매우 정갈하고 따뜻했다. 정리정돈이 아주 잘 된 집이었다.

    에밀의 집은 정반대였다. 목공이 취미라는 게 한눈에 드러날 정도로 온갖 장비와 나무, 연장 등이 서랍장 밖에 나와 있었다. 에밀은 필요할 때마다 금방 쓸 수 있게 손닿는 곳에 두어야 한다고 말했다. 반면 리사는 물건이 너저분하게 나와 있는 걸 몸서리치게 싫어해서 두 사람은 함께 사는 동안 정리 문제로 정말 많이 싸웠다고 한다.

    이러한 성향 차이는 일 처리에 있어서도 갈등이 됐다고 한다.

    신속하고 실리적으로 일 처리를 하는 에밀과 달리 리사는 꼼꼼하고 섬세한 성격답게 일 처리가 느리다고 했다. 에밀의 눈에는 그런 리사가 불필요한 것에 신경을 쓰는 것처럼 보였다고 한다.

자신이 중요하다고 여기는 것을 상대가 하찮게 생각하면, 심할 경우 모욕감을 느낀다. 결혼하고 나서야 서로가 다르다는 걸 안 두 사람은 사사건건 부딪혔다.

리사도 에밀도 취향이 확고하고 개성이 강한 사람이었기에 상대에게 맞추는 게 쉽지 않았다. 그로 인해 가족은 큰 스트레스를 받았다.

2016년 7월 제작진이 부부를 촬영하던 당시, 리사의 집에서 만난 딸 줄리는 자라면서 보게 된 부모의 마찰을 매우 또렷하게 기억하고 있었다.

"서로를 비꼬고 못되게 굴었어요. 많이 다퉜죠. 싸움이 시작되는 패턴이 있었는데 '당신 왜 이거 안 했어! 그러면 '버럭! 으르렁!' 하는 식이었어요. 부모님 주변에 있는 것이 유쾌하지 않았어요."

에밀과 리사는 사사건건 대립했다고 한다.

사교적이어서 친구들과 어울리거나 집에 사람 초대하는 것을 좋아하는 리사와 달리 에밀은 파티도 싫어하고 아내가 밖으로 나가 친구를 만나는 것도 탐탁지 않아 했다. 특히 자신의 공간에 이방인이 오는 것을 싫어했기 때문에 집에 손님이 오면 예민하게 굴어서 리사를 초조하게 했다고 한다. 에밀은 개인만의 시간을 즐기고, 집에 있는 것을 좋아하며, 자신의 공간은 자신만의 방식대로 두길 원하는 내성적인 사람이었다. 리사와 에밀은 서로 다른 성질의 사람이었던 것이다.

시간이 지나고 서로에게 익숙해지면 괜찮아질 거라고 사람들은 생각한다. 하지만 취향의 차이, 생활 방식의 차이는 극복할 문제가 아니다. 진밥을 좋아하는 사람은 진밥을, 된밥을 좋아하는 사람은 된밥을 포기하지 않는다. 그건 본성 같은 것이다. 누구 하나가 양보하고 배려하면 간단히 해결되는 문제이기도 하지만 자신의 취향과 본성을 포기하기란 쉽지 않다. 아니 매우 어려운 문제다. 한 사람이 일방적으로 배려한다고 해서 될 문제가 아니다. 부부간의 갈등은 서로의 영혼을 잠식한다.

리사와 에밀 부부가 노력하지 않은 것도 아니었다고 한다.

"스트레스가 너무 심했어요. 서로 내려놓는 게 점점 더 어려워졌죠. 부부 상담도 받았어요. 3년간 매주요. 그나마 부부 상담이 있어서 관계를 유지할 수 있었어요."

두 사람은 결혼을 깨지 않기 위해 노력하고 또 노력했지만 결혼한 지 25년이 되던 해, 더 이상은 이렇게 살 수 없다고 선언했다. 먼저 포기한 건 리사였다. 활발한 성격의 리사는 에밀과의 숨 막힌 결혼생활을 더 못견뎌했다.

에밀과 이혼을 하겠다고 마음을 먹은 리사는 남편에게 말하지 않고 일단 살 곳을 알아보기 시작했다고 한다. 그러면서 이혼을 생각하게 됐는데, '가족을 깨고 에밀이 없는 인생을 생각해보니 불행하다는 생각이 들었다'고 한다.

생각이 거기에 미치자 리사는 다른 방법을 찾기 시작했다. 결혼 관계를 유지할 수 있는 방법을 찾다가 내린 결론은 "우리는 어쩌면 그저 다른 공간이 필요한 것일지도 몰라"였다.

리사   더 이상 이렇게 못 살겠어.
에밀   이혼을 하자는 거야?
리사   아니. 그냥 따로 살아 보고 싶어.
에밀   다른 사람이 생긴 거야?
리사   아니. 이런 상황에서 벗어나고 싶을 뿐이야.

에밀은 처음에는 아내의 말을 의심했지만 그녀의 진심을 확인한 뒤 따로 사는 것에 동의했다. 리사와 마찬가지로 이혼하고 싶지 않았기에 따로 사는 걸 시도해볼 만한 좋은 방법이라고 생각했던 것이다.

함께 리사가 살 집을 알아본 부부는 세 딸을 불러 모아 상황을 설명했다. 성인이 된 딸들은 이미 독립해서 나가 살고 있었지만 따로 살겠다는 부모를 이해하지 못했다고 한다. 세 딸 모두 울 정도로 충격을 받았지만 이혼을 하지 않고 가족을 깨지 않기 위한 선택이라는 부모의

설득에 그 결정을 받아들인다. 2007년 8월 1일, 리사와 에밀은 결국 LAT족이 된다. 그로부터 9년이 흐른 지금까지 두 사람은 별일 없이 잘 살고 있다.

제작진이 방문했을 당시, 리사와 에밀은 워싱턴에서 부모를 보기 위해 놀러온 딸 줄리와 함께 리사의 집에서 주말 점심 식사를 준비하고 있었다. LAT족으로 살고 있는 부부는 매우 평온하고 안정돼 보였다. 딸 줄리는 부모의 선택을 존중하고 만족한다고 말한다.

"부모님은 함께 데이트도 하고 여행도 해요. 아버지가 놀러 오면 엄마가 요리를 하고 벽난로 앞에 앉아 함께 다정하게 대화해요. 자랄 때는 보기 힘든 모습이었죠. 누구도 여생을 싸우면서 갈등 속에 보내고 싶지 않을 거예요. 따로 살기로 한 건 잘한 선택이었어요."

당사자인 리사와 에밀은 지금의 삶에 매우 만족한다고 했다. 사랑과 신뢰는 더 깊어졌고 무엇보다 신경전을 벌이거나 갈등 속에 늘 붙어살지 않아도 된다는 게 가장 좋다고 그들은 입을 모았다.

"내 공간에서 내가 하고 싶은 일을, 하고 싶은 방식대로 할 수 있다는 게 가장 좋아요. 내 삶을 가질 수 있는 거죠. 조심할 필요도, 눈치 볼 일도 없이 제 집에서 편안하게 있을 수 있어요."

자연스럽게 부부만의 스케줄도 생겼다. 일주일에 세 번, 어린이집 선생님으로 일하는 리사의 스케줄에 맞춰 에밀과 리사는 상대의 집에서 번갈아 가며 함께 잠을 잔다.

낮 시간에도 에밀은 수시로 리사의 집을 들락거렸다. 건설을 하고 있는 에밀은 일 중간중간 리사의 집에 들러 점심을 먹거나 차를 마시기도 했다.

제작진이 촬영한 날도 그랬다. 함께 점심을 먹고 집으로 돌아가는 에밀과 남편을 배웅하는 리사의 모습은 마치 데이트를 마치고 집 앞에서 서로 헤어지기 아쉬워하는 연인의 모습처럼 애틋해 보였다. 환갑이 넘

우리가 결혼한 이후 지금이 가장 행복한 것 같아요

은 부부라고 믿기 힘들 정도였다.

"토요일 저녁은 무비나이트인데, 둘이 끌어안고 함께 영화를 봐요. 아주 재미있고 달콤해요. 에밀은 어떨지 모르겠지만 저는 서로 만나지 못하는 날엔 그가 그리워져요."

사랑하기에 따로 산다는 영화 같은 삶을 선택한 이후, 부부는 자신만의 룰과 방식대로 꾸민 둥지에서 비로소 평화를 찾았다. LAT족이 되기로 마음먹은 가장 큰 이유였던 '결혼생활을 지키고 가족을 깨지 않으려는 목적'이 지켜진 셈이다. 하지만 LAT족으로 살아가는 데는 생각보다 많은 노력이 필요하다고 했다. 떨어져 살기에 서로를 진심으로 믿어야 부부 관계가 유지될 수 있고, 서로에게 정직하고 비밀이 없어야 한다고 리사와 에밀은 말했다.

두 사람은 앞으로도 LAT족으로 살아갈 계획이라고 한다. 언젠가는 같이 살게 되겠지만 아직은 지금 이대로가 좋다고 한다. LAT족이 되고 나서 상대가 더 그립고 소중하다는 것을 깨닫게 된 것처럼 이렇게 '따로 또 같이(Living Apart Together)' 살아갈 것이라고 말했다.

촬영을 마무리하며 지금의 삶을 한마디로 표현해달라고 했을 때 부부는 이렇게 말했다. "우리는 지금 결혼한 이후 가장 행복한 시절을 보내고 있어요."

지금은 나 홀로 시대
자발적 비혼족

이젠 신상 패밀리라고 말하기 어색할 정도로 급속하게 늘고 있는 1인 가구.

통계청 발표에 따르면 1인 가구는 대한민국에서 가장 많은 형태의 대세 가족으로 자리를 잡았고, 그 수는 더 늘어날 것이라고 한다.

이미 현실에서 나 혼자 사는 1인 가구는 보편적 가족 형태로 자리를 잡았다. 하지만 정책적으로 1인 가구는 아직 가족의 개념으로 인정받지 못하고 있다. 가족 정책의 근거가 되는 건강가정기본법에서는 한국에서 말하는 '가족'은 혼인, 혈연, 입양 등으로 이뤄진 사회의 기본단위를 말하고 있어 1인 가구는 언제나 제외된다.

왜 이상적인 가족은 그런 모습일까?

하지만 북유럽 등의 선진국에선 이미 오래전부터 1인 가구의 확산을 자연스러운 사회 현상으로 인정하고 있고, 1인 가구 비율이 가장 높은 노르웨이의 경우 가구의 개념을 넘어 1인 가구를 '한 개 가족으로 구성된 가구'로까지 정의하고 있다.

과거의 '나 혼자족'은 지금과는 사뭇 달랐다.

부모에게서 떨어져 나와 결혼을 통해 자신의 가족을 꾸리기 전에 거쳐야 하는 방과 방 사이의 복도, 혹은 가족을 만들고자 하는 사람이 거쳐야 하는 통과의례 같은 것이었다.

그러나 현재의 나 홀로 가족은 그 형태부터가 매우 다양해졌다. 미혼 혹은 비혼 싱글족에서 기러기 아빠, 40~50대 이혼 남녀, 배우자 사별로 홀로 된 60~70대까지 매우 다양하다. 하지만 혼자 사는 '나 홀로족'에 대한 우리 사회의 시선은 여전히 과거에 머물러 있다. 측은지심의 눈길로 '어쩌다 혼자 남았을까' 하며 사생활을 궁금해하기도 하고, '왜 가족을 안 만들어?'라며 오지랖에 가까운 참견을 한다. 심지어는 색안경을 쓰고 누군가와는 살 수 없는 이상한 사람 취급을 하는 경우도 있다. 혼자 사는 사람을 불완전한 존재로 인식하는 시각이 은연중에 깔려 있는 것이다.

'나 홀로족'의 일상을 보여주며 인기를 끌고 있는 많은 방송 프로그램의 행태만 봐도 알 수 있다. 나 혼자 밥을 먹고, 나 혼자 노는 1인 가구의 구성원을 외롭고 누군가를 갈구하는 존재로 느끼게끔 비쳐준다. 자발적으로 또는 그런 삶이 좋아서 선택적으로 혼자가 된 나 홀로족도 있다는 것을 인정하지 않는 것 같아 불쾌할 때도 있다.

혈연 또는 혈연 중심의 공동체를 가족의 이상적 가치로 여기며, 혼자 사는 걸 '완성되지 않은 가족'으로 보는 가족의 가치관에서 인식의 전환이 필요하다. 그들은 더 이상 소수이거나 비정상적인 존재가 아니다. 아직 우리 사회가 심정적으로 받아들이지 못한 신상 패밀리일 뿐이다. 새로운 건 늘 저항을 받게 마련이다. 틀린 게 아니라 다른 삶을 선택한 것뿐이다.

'대체 뭐가 문제인가?', '혼자 사는 게 뭐 어떤가', '혼자는 왜 가족이 될 수 없다는 건가', '혈육이 아니어도 새로운 관계를 통해서 가족이 될

수도 있지 않은가'.

제작진이 신상 패밀리로서, 나 홀로족의 일상과 가족에 대한 생각을 알기 위해 만난 한국과 일본의 많은 취재원은 대체로 전체 1인 가구에서 가장 많은 유형이라고 하는 미혼 또는 자발적 비혼족들이었다. 주로 2049 연령대에 속하는 그들의 삶엔 직업, 결혼, 인생관, 부모 세대와의 관계 등등 지금 이 시대를 살아가고 있는 '나 혼자 사는 청장년층'의 고민이 담겨 있었고 생각도 확실히 달랐다. 특히 가족에 대한 개념과 생각은 아주 달랐는데 핏줄을 외면하는 건 아니지만 혈육이 아니어도 충분히 가족이 될 수 있다고 생각하는 사람이 많았다.

그들에게 중요한 것은 피보다 관계였다. 제작진은 그들을 통해 자신이 원하는 삶과 가족의 기대가 다른 것에서 오는 갈등과 고민, 그리고 그것이 무엇에서 오는지 원인을 가늠해볼 수 있었는데 신상 패밀리의 출현은 기존의 가족관에 대한 의문과 비판의 산물이다. 혈육이 곧 가족이라는 공식의 부정이라기보다 가족에 대한 생각이 좀 더 유연해지고 그 범위가 확장되고 있는 것이다.

여기 '나 혼자도 문제없다'는 사람들의 이야기가 있다.

나 홀로족 이야기
김석 편 첫 번째

김석 씨는 혼자 사는 것에 전혀 불만이 없는 30대 후반의 싱글남이다.

결혼을 재촉하는 부모님의 잔소리는 경청하는 척 흘려보내고, '결혼은 안 하냐'고 습관처럼 들쑤시는 사람에겐 바쁜 척을 한다. 귀에 딱지가 앉도록 듣는 그 말에 발끈도 하지 않고 반응도 하지 않는다.

제작진이 만난 '나 홀로족' 김석 씨는 자신에 대해 강하게 주장을 내세우지 않지만 그렇다고 순종적이지도 않은, 마찰을 싫어하는 조용한 고집쟁이다.

지방의 한 대도시에서 나고 자란 그는 서울에 있는 대학에 합격하면서 가족에서 분리된다. 나 홀로족이 되는 사람들의 많은 경우가 그렇

혼자 밥 먹는 것도 좋아하고

듯, 김석 씨도 대학 진학을 계기로 홀로 살기 시작했다.

처음엔 적응하기가 어려웠다고 한다. 대학생이 된 후 멋진 독립생활을 기대했지만 낯선 도시에서 20년 동안 받아왔던 부모님의 손길 없이 혼자 힘으로 제대로 사는 건 상당한 시간과 시행착오가 걸리는 일이었다. 향수에 시달리던 김석 씨는 신입생 시절 한 달이 멀다 하고 고향 집에 내려가곤 했다고 한다. 그럼 지금은? 가속에서 떨어져 나온 지 20년 가까이 된 지금은 당연히 다르다. 명절이나 집안에 일이 있어 고향 집에 내려가면 아무리 부모님 집이라도 내 집 같지 않아 불편하다고 했다. 얼른 나만의 집으로 돌아와 혼자 있고 싶어진다고 그는 말했다.

"혼자 사는 것이 아무렇지 않아요. 익숙해져서 그런지 편안해요. 저

는 익숙한 게 좋거든요. 가끔 누구랑 같이 있고 싶을 때도 있지만 같이 있게 되면 또다시 혼자 있는 생활로 돌아가고 싶어요."

부모님은 그를 걱정한다. 때가 훨씬 지났는데도 제 가족 만들 생각은 하지 않고 싱글로 사는 아들을 못마땅해한다. 김석 씨는 부모님에게 지금 이대로의 삶에 만족한다고 여러 번 의사를 밝혔지만 그때마다 돌아오는 부모님의 반응은 "그건 사람이 사는 게 아니다"였다. 결혼을 하고 자손을 낳아야 정상이라고 아들을 나무란다.

김석 씨가 아무리 항변해도 부모님은 믿어주지 않는다. 자신이 지향하는 삶의 가치에 따라 행복하게 살고 싶다고 거듭 말해도, 전혀 소용이 없다.

　가만히 보면 부모는 자식의 행복을 바란다고 말하지만 냉정하게 보면 그렇지 않은 것 같기도 하다. 부모가 원하고 맞다고 믿는 서클 안에 들어오는 삶이 아니면 틀렸다면서 자식의 삶에 적극 개입한다. 부모라는 이름으로, 가족이라는 이름으로 자식의 삶에 부당한 결정권을 휘두르는 것이다. 그래서 '자식이 행복하기만을 바란다'는 부모님의 말이 진심으로 느껴지지 않는 건지도 모른다.

　김석 씨는 대부분의 아들이 그렇듯, 부모님에게 전화를 자주 하지 않는다. 통화해봤자 늘 걱정만 들을 뿐 새롭고 신나는 대화 주제는 거의 없다.

"사실, 걱정만 좀 안 하셨으면 좋겠어요. 저를 가장 힘들게 하는 건 부모님의 걱정이에요. 부모님은 걱정하는 게 일이에요."

어쩌다 전화를 걸어도 대화는 짧고 일방적이다. 전화를 끊을 때 부모님이 하는 멘트는 늘 똑같다. "너 때문에 잠이 안 온다!"

"저는 이렇게 사는 게 괜찮은데 부모님은 혼자 사는 저를 되게 비정상이라고 생각하세요. 결혼을 못하니 집에 오면 반겨주는 사람도 없고, 따뜻한 밥도 없다고 하시죠. 약간 가부장적인 생각이죠."

김석 씨는 부모님의 말에 파르르 반응하지 않았다. 하지만 한숨과 잔소리가 시작되면 그는 침묵했다. 침묵은 부정의 또 다른 표현이다. 그는 제작진에게 이렇게 말했다.

"결혼할 생각을 하지 않고 혼자 사는 건 아들로서 부모님에게 손주를 안겨드리고 대를 이어야 할 의무와 책임을 방기하는 건가요?"

사실 김석 씨에게는 아주 오래된 연인이 있다. 대학 후배에서 친구가 되고, 친구에서 연인이 된 케이스다. 하지만 그는 결혼할 생각은 없다. 여자 친구의 생각도 마찬가지였다.

제작진이 김석 씨를 촬영하던 당시, 부모님은 여자 친구의 존재를 알고 있었다. 오랜 기간 밝히지 않았던 김석 씨는 촬영이 본격적으로 시작될 무렵, 혼자 사는 아들을 안쓰러워하며 결혼을 독촉하는 부모님의 걱정을 잠재울 요량으로 "저, 사귀는 사람 있어요"라고 말해버렸다. 그 말 이후, 폭풍이 몰아쳤다.

아들에게 여자 친구가 있다는 사실을 알게 된 김석 씨 부모님의 반응은 '오랫동안 사귀고 좋아하는 여자라면 당장 결혼을!'이었다. 딱히 결혼할 생각은 없었지만 부모님 소원이라니 들어드리겠다고 생각을 바꾼 김석 씨. 하지만 결혼을 마음먹은 순간, 상황은 더 꼬여버렸다. 시작부터 삐걱거렸다.

그것은 단순한 마찰이 아니었다. '결혼'과 '가족'을 바라보는 세대 차이, 가치관의 격돌이었다. 아들의 여자는 부모님이 원하는 기준과 서클 안에 들어맞는 사람이 아니었던 것이다.

결혼에 대한 김석 씨의 생각은 개인과 개인의 결합이고, 마음 맞는 친구와의 동거생활이었다. 하지만 부모님은 달랐다. 집안과 집안의 결합이라고 생각하는 부모님에게 형식과 절차는 매우 중요했다. 결혼식이라든가 그에 따르는 여러 가지 관행들을 하지 않겠다는 아들 커플의 의견은 용납할 수 없는 주장이었다.

가족에 대한 생각도 충돌했다. 며느리가 차려주는 밥상 한번 받아보자는 부모님에게 아들의 신붓감은 남자 집안의 가풍을 따르는 존재여야 한다. 하지만 김석 씨의 생각은 달랐다. 여자 친구가 아내가 되어도 여전히 그쪽 집안사람이고 효도는 셀프요, 김 씨 집안의 대소사는 김석 씨의 책임이라고 생각했다. 부모와 자식의 생각 차이는 좁혀지기 힘들어 보였다. 설령 결혼이라는 산을 넘는다 해도 가족이 된 이후에 불어닥칠 '예측 가능한 비상사태(?)'는 너무 많았다. 결국 결혼이라는 말은 쏙 들어가고 말았다.

김석 씨는 "결혼이라는 걸 혼자 할 수 있으면 하겠는데, 참⋯."이라고 말했지만 결혼 등쌀에서 벗어나서 오히려 잘 됐다고 생각하는 것 같았다.

김석 씨와 같은 상황에 놓인 나 홀로족은 매우 많다. 가족과 결혼에 대한 생각의 차이 때문에 가장 가까운 존재인 가족, 그중에서도 부모와 대립각을 세운다.

'계속 충돌하거나 혹은 순응하거나'.

양측이 모두 만족하는 방법은 아직까지는 없다. 이런 경우 가족은 피를 물려준 혈육이지만 결코 내 편이 아니다. 어쩌면 김석 씨가 '나 홀로족'의 삶을 선택하고 사랑하게 된 것은 가족에 대한 부모님의 생각에 동의하지 않을뿐더러 아주 달라서일지도 모른다.

"내가 원하지 않는데 하는 게 정상인가요? 가끔 제가 뭘 그렇게 잘못하고 있는지 잘 모르겠어요. 부모님이 원하는 대로 해서 불행해지면 부모님을 원망할 거잖아요. 그러고 싶지 않아요."

자신이 선택한 삶을 누군가 비난하고 인정하지 않는 건 매우 불쾌하고 속상한 일이다. 그 누군가가 가족일 때는 더 그렇다.

김석 씨와 같은 신상 패밀리는 사사건건 투쟁이다. 그 대상은 물론 가족이다. 지금은 휴전 중일 뿐, 결혼 문제 말고도 김석 씨와 부모님은 몇 차례 대전을 치렀다. 전쟁의 발단은 달랐지만 부모님을 비롯한 가족이 보내는 메시지는 "너 그렇게 살면 안 돼. 뭐가 부족해서 그렇게 사니? 너는 왜 남들처럼 못 사니?" 였다.

남들처럼 사는 게 정말 이상적인 가족일까? 김석 씨는 남들이 이상적인 가족이라고 생각하는 가족의 형태, 즉 결혼을 해서 아이를 낳고 그렇게 결성된 3인 이상의 가족, 부모와 자식으로 결성된 그 가족의 형태가 이상적이라고 생각하지 않는다.

사랑하는 배신자
김석 편 두 번째

김석 씨는 서울에서 다섯 손가락 안에 드는 좋은 대학을 나왔다. 지방의 한 대도시에서 교육자인 아버지와 가정주부인 어머니를 두고 듬뿍 사랑을 받으며 자랐다. 어릴 때부터 부모님한테 큰소리를 내거나 반항해본 적이 한 번도 없는 그런 아들, 말 잘 듣는 장남이었다.

하지만 가만히 들여다보면 하기 싫은 건 억지로 하지 않는 그런 아이였다. 김석 씨는 자신을 '말 되게 잘 듣는 것처럼 보여도 절대 안 듣는' 그런 유형의 사람이라고 제작진에게 털어놨다. 그런데도 부모님이 그를 순종적으로 생각한 것은 자라면서 크게 문제가 될 정도로 부딪친 일이 없었기 때문이었다.

김석 씨가 최초로 부모님의 뜻을 거스른 건 대학 진학을 앞두고서였다. 부모님은 공부 잘하는 아들이 취업이 잘 되는 그럴듯한 학과에 진학하기를 바랐지만 김석 씨는 대학에서 영상학을 전공했다. 부모님은 강하게 반대했지만 아들의 뜻을 꺾지 못했다.

"작은 부분들은 부모님 말을 따른다고 해서 저한테 나쁠 건 없어요. 하지만 학과 선택은 제가 양보할 수 있는 문제가 아니었어요. 제 정체성과 관련이 있는 것이기 때문에 부모님이 틀렸을 수 있다고 생각했어요."

가족은 안전망과 같다. 세상에 있는 그 어떤 안전망보다 가까이에 있는 튼튼한 안전망. 그래서 부모는 자식이 그 어떤 반항이나 나쁜 짓을 해도 내치지 않는다. 가족이니까. 하지만 그런 이유 때문에 가까이 있으면 있을수록 불편한 관계가 될 수 있다. 하나의 울타리로 엮여 있지만 가족은 그 구성원 간에 세대가 다르고 생활이 다르고, 고민의 지점이 다르다. 부모와 자식 간에 가치관과 생각이 같으면 문제가 안 되지만, 다를 경우 마찰과 갈등은 피할 수 없다.

부모가 자식한테 기대하는 것 자체는 문제가 되지 않는다. 부모에게는 그럴 권리가 당연히 있다. 부모만큼 나를 사랑하는 희생적인 존재는 또 없으니까. 하지만 부모가 그려준 미래를 자식이 꼭 따라야 할 의무는 없다. 혈육이라는 이름으로 가족의 인생에 적극적으로 개입하는 순간, 결국 온갖 희생을 감수하면서 키운 자식은 부모에게 '사랑하는 배신자'가 되는 것이다.

결혼과 진학 문제는 가족 간에 충돌이 벌어질 수 있는 요인이 아주 많다. 또 있다. 김석 씨는 대학 졸업 후 직업 선택 문제로 부모님과 크게 갈등을 겪었고 지금도 진행형이다.

김석 씨는 서울의 한 오래된 동네에서 '커피 장사'를 하고 있다. 공정무역으로 수입한 커피 원두를 볶아 다른 업체에 납품도 하면서 카페도 운영하고 있다. 그의 카페는 주인장의 취향이 한눈에 느껴질 만큼 매우 개인적이고 개성 있는 공간으로 꾸며져 있었다. 단골손님 위주로 운영되던 아지트 느낌의 카페는 최근 그 동네가 핫 플레이스로 부상하고

조그마한 카페도 운영하고 있고

커피를 볶아서 납품하는 일을 하고 있습니다

유명세를 타면서 사람들의 발길이 잦아졌다. 단골이나 이웃들에게 김석 씨는 '실력있는 꽤 멋진 사장님'이다. 커피는 그가 하고 싶은 일이었다. 그러나 부모님은 좋아하지 않는 일이다.

  대학 졸업 후 영상 관련 일을 하던 김석 씨는 사람들과 끊임없이 부딪혀야 하는 전쟁 같은 일에 자신이 맞지 않는다는 것을 깨달았다고 한다. 부모님의 권유대로 일반 직장에 취업했지만 조직생활은 몸에 맞지 않는 옷처럼 부대꼈다. 행복하지 않았고 마음은 늘 콩밭에 가 있었다. 그러다 찾은 일이 커피 일이었다. 하루 종일 커피콩을 볶고 찾는 맛이 나올 때까지 밤새 커피를 내려도 신이 났다. 좋아하고 하고 싶은 일이었기에 열정적으로 커피콩에 대해 공부하고 커피 뽑는 일을 배워서 지금의 카페를 차렸다. 그런데 카페 사장으로 사는 걸 부모님은 탐탁잖아 한다. 멀쩡한 대학을 나온 자식이 커피콩 배달을 다니고 쉬는 날도 없이 손님 상대로 커피를 뽑느라 손에 물마를 날 없이 동분서주하는 걸 보기 힘들어했다. 곱게 키운 자식이 커피 장사한다고 아등바등 사는 걸 볼 수 없었다. 그건 아들에게 바라는 삶이 결단코 아니었던 것이다.

부모님은 여전히 '남들처럼 직장 다니면서 월급 받고, 주말에는 쉬고 가족들이랑 나들이도 가면서 사는 것이 행복'이라고 생각한다. 하지만 김석 씨는 그 말을 따를 수 없다고 했다.

> "저는 직장 다닐 때 불행하다고 생각한 적이 많았어요. 근데 지금은 불행하지 않거든요. 저한테는 불행하지 않다는 게 되게 중요해요."

가족은 때론 병이고 짐이다. 한쪽만 그렇게 생각하는 건 아니다. 부모에게도 자식에게도 마찬가지다. 본의 아니게 가족은 서로 병을 주고 짐을 지우고 헤어나기 힘든 굴레가 된다. 가족이어서 서로 상처를 주고받는다. 그럴수록 혈육에게서 벗어나고픈 마음은 커진다. 가족이어서 서로에게 상처가 될까 봐 차마 말하지 못하는 것들은 점점 늘어만 간다.

> "혈연에 너무 얽매이지만 않으면 더 좋은 가족이 많이 생길 수 있지 않을까 해요. 가족 이기주의나 막장 가족을 보면 가족이라는 개념이 좁아서 그런 게 아닐까 하는 생각도 들어요."

　　김석 씨는 별일 없이 잘 살고 있다. 나 홀로 사는 삶의 형태를 선택했지만 그에게는 가족과 비슷한 이웃이 있다. 그가 운영하는 카페 주변의 상인들과 좋은 관계를 유지하면서 힘들 때 서로 돕고 먹을 것과 정을 나누기도 한다. 김석 씨의 일상을 관찰하는 동안 우리는 그의 카페를 찾는 사람들이 손님이 전부가 아니라는 사실을 목격했다. 나 홀로족 김석 씨는 이웃 공동체의 구성원들과 마치 가족처럼 지내고 있었다.

　　가족의 기본 단위는 혈연으로 구성된다. 하지만 지금 세상을 보면 꼭 혈연만이 가족의 전제조건은 아닌 것 같다. 비슷한 소신과 철학으로 뭉친 공동체나 특정한 관계로 맺어진 다양한 형태의 신상 가족이 생겨나고 있다.

　　김석 씨의 생각처럼 이웃이 가족이 될 수도 있고 가족의 개념이 확장되어서 공동체가 가족의 역할을 하게 될지도 모른다. 나 홀로 사는 1인 가족이 늘어나는 추세로 보면 미래에는 공동체가 가족의 역할을 할 공산이 매우 커 보인다.

누군가가 어려움을 겪거나 위기에 처했을 때 공동체가 가족의 역할을 해준다면 외롭고 소외받는 사람들에게도 든든한 안전망이 생기는 게 아닐까?

혈육을 고집하지 않는다면 적당한 거리와 친밀감, 그리고 내 편을 들어줄 수 있는 그런 관계를 유지하면서 가족의 장점도 누릴 수 있다. 신상 패밀리는 이기적으로 보일 수도 있고 이상적으로 다가올 수도 있다. 그러나 어느 쪽이든 상관 없이 이러한 관계를 원하는 사람은 분명 늘고 있다.

누구나 가족이 된다
오크하우스 편

일본 도쿄 시부야 구에 위치한 오크하우스.

20대 후반의 '나 홀로족' 가모시마 오모치는 개그맨이자 예능인이다. 그가 오크하우스로 이사를 온 건 2년 전. 이유가 있었다. '더 이상 혼자 살다가는 머리가 이상해질 것 같아서'다.

그는 여전히 1인 독신 가족이지만 그가 살고 있는 오크하우스는 조금 특별하다. 오크하우스는 독신 가족이 집단으로 모여 사는 일종의 셰어하우스다.

셰어하우스는 1인 가구가 모여 사는 방식의 주거 형태인데 거실, 주방, 욕실 등 거주인들이 함께 사용하는 공동생활 공간과 각자 사용하는

개인 방 등의 독립 공간으로 구성돼 있다.

일본의 셰어하우스는 관광객을 위한 게스트하우스에서 시작돼 일본에 머무르는 외국인들을 상대로 한 임대업으로 발전했다고 한다. 그렇게 된 데는 이유가 있다.

일본의 임대주택은 외국인들이 빌리기 매우 힘든 것으로 유명하다.

보증금과 사례금은 기본이고 보증인이 꼭 필요한데 일본에 온 지 얼마 안 된 외국인이 보증인을 구하기란 정말 힘들다. 그래서 좀 더 임대가 쉬운 방식의 셰어하우스가 생겨났는데 몇 년 전부터는 일본인 입주자의 비율이 빠르게 늘고 있다고 한다.

일본인들은 성인이 되면 혼자 사는 경우가 많다. 하지만 얼마 전까지만 해도 그들은 이렇게 독신 가족이 집단으로 거주하는 셰어하우스를 선호하지 않았다. 그런데 지금은 다르다. 제작진이 방문한 오크하우스의 입주자 가운데 약 45퍼센트가 일본인들이었다. 왜일까?

일본인들이 주택을 임대하려면 매우 복잡하고 까다로운 절차를 거쳐야 한다. 보증금과 사례금이야 그렇다 치더라도 반드시 누군가 보증인을 내세워야 하는 독특한 제도 때문이다. 부모나 형제 등 가족의 보증이 있어야 하고, 가족이 여의치 않으면 회사나 보증회사의 보증을 받아야 임대 계약이 가능하다. 하지만 프리랜서이거나 아르바이트로 생활하는 사람들은 생계 자체도 힘든 데다 보증회사의 보증 심사를 통과하기까지 시간과 돈이 많이 든다. 그마저 통과하지 못하면 집 구하기가 거의 불가능한 것이다.

반면에 오크하우스와 같은 셰어하우스는 임대 절차가 간단하다. 까다롭게 보증인을 요구하지도 않는다. 입주자가 아프거나 무슨 일이 생겼을 때 연락할 일종의 비상연락망 같은 정도로만 보증인을 요구한다. 그리고 가장 매력적인 것은 일반 아파트나 주택에 비해 임대료와 관리

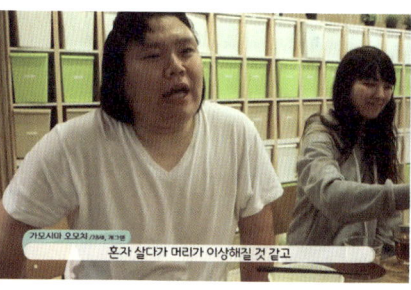
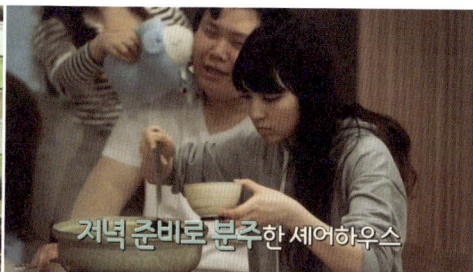

비가 저렴하다는 것이다.

　장점은 또 있다. 아무리 외로워도 사생활과 속내를 잘 드러내지 않는 일본인들에게 셰어하우스는 안성맞춤의 공간이다. 독신 가족은 특별한 날이나 아플 때 등 누군가의 손길이 필요할 때 혼자인 경우가 있는데, 셰어하우스에서는 공동생활 공간을 통해 친분을 쌓은 사람들의 관심과 도움을 받을 수 있다. 과도한 관심은 싫지만 적당한 친분관계는 괜찮다고 말하는 요즘 세대들의 마음을 사로잡고 있는 것이다.

　결국 경제적인 문제와 관계에 대한 욕구 때문에 일본의 많은 '나 홀로 족'에게 셰어하우스가 대안으로 떠오른 것이다. 더 이상 혼자 살다가는 머리가 이상해질 정도로 외로워서 셰어하우스로 옮겼다는 개그맨 오모치처럼 많은 사람이 그와 같은 이유로 셰어하우스를 선택한다.

　제작진이 방문한 오크하우스에는 정말 다양한 사람들이 살고 있었

다. 각 나라에서 온 외국인은 물론 일본인들도 각양각색이었다. 갓 성인이 된 청년에서부터 중년의 방송 관계자, 중소기업의 사장까지 나이도, 직업도, 국적도 아주 다양했다. 취업 정보도 공유하고, 취미생활을 함께하거나 각자의 언어를 서로 가르쳐주는 등 한곳에서 여러 종류의 사람들과 교류하고 소통할 수 있다는 점이 장점으로 보였다.

촬영 당시, 스무 명 넘는 입주자들이 공동 주방에서 각자 만든 요리를 함께 나눠 먹고 거실에서 TV를 보며 시간을 보내고 있었는데 때마침 우리는 그들에게서 이런 삶의 방식이 뭐가 좋은지 들을 수 있었다.

"일 끝나고 돌아오면 늘 누군가가 있어서 '어서 와' 하고 맞아주니까 집 같고 가족 같아요."

"북적거리는 게 싫고 어울리기 귀찮으면 제 방에 들어가 있으면 되니까 그런 점도 편해요. 집에서는 말하기 싫어도 가족들하고 시시콜콜 이야기해야 하잖아요."

홋카이도 출신의 프리랜서 삽화작가 마스다 아키코도 2년 째 오크하우스에 살고 있었다. 홋카이도에 있을 때도 그녀는 가족으로부터 독립해 혼자 살았다고 한다. 부모님 집에서는 자유가 없다고나 할까. 친구도 부르기 힘들고 성인이 되면서 점점 결혼하라는 부모님의 잔소리와 간섭도 잦아져서 피하고 싶었다고 한다. 물론 부모님집이 가까워서 언제든 가족이 필요할 땐 갈 수 있었다.

하지만 그녀는 도쿄에 올라와 혼자 살게 되면서 극심한 외로움에 시달렸다. 직업 특성상 집에서 그림 그리는 날이 많아 밖에 나갈 일이 잘 없기 때문에 어떨 때는 며칠 동안 아무와도 대화하지 않는 날이 계속돼 힘들었다. 홋카이도와 도쿄는 너무 멀리 떨어져 있어서 가족이 필요할 때 쉽게 갈 수도 없었다. 그래서 찾은 곳이 셰어하우스였다.

아키코는 셰어하우스에서의 삶이 만족스럽다고 했다. 방문만 열고 나가면 언제든 다른 입주자들과 이야기할 수 있고 밥도 같이 먹을 수 있어서 좋다는 것이다.

"밖에 나갔다 돌아왔을 때, 아무 말 하지 않았는데도 제 밥을 해놓고 기다려주면 정말 엄마 같아요. 그리고 이곳에서 알게 된 사람에게 그림 의뢰를 받는 경우도 있어서 일적으로도 큰 도움이 돼요."

아키코는 오크하우스 안에서 가족의 정을 나누면서, 직업적으로도 도움이 되는 관계를 맺고 있었다.

'나 홀로족'에게 셰어하우스에서 만난 사람들은 가족의 대안이 되고 있다. 고독하지만 거리감을 유지하고 싶은 나 홀로족의 입맛에도 맞고, 감정과 취향이 맞는 이웃이나 친구와 관계를 맺고 가족처럼 지낼 수 있어서 좋다는 것이다.

유럽에선 1인 가족이 아예 처음부터 취향이나 취미에 공통분모가 있는 사람들을 모아 거주하는 셰어하우스가 늘고 있다고 한다. 혼자 살지만 또 같이 사는 공동체인 것이다.

 그들은 혈육이 아니어도 친근한 관계를 맺을 수 있다면 가족이 될 수 있다고 말한다. 그들에게 중요한 것은 지나치게 간섭하지 않으면서 평화롭게 공존할 수 있는 관계다. 신상 패밀리가 받아들일 수 있는 가족의 범위는 넓고, 가족의 조건에 혈육만 있는 것은 아니었다.

펫팸족
반려동물의 죽음

경기도 김포에 위치한 한 화장장.

이곳은 사람을 위한 곳이 아니다. 세상을 떠난 반려동물의 장례 서비스와 추모를 위한 공간이다. 현행법상 동물의 사체는 폐기물로 분류된다. 동물보호법에서는 반려동물의 사체는 폐기물관리법에 따라 일반 쓰레기봉투에 담아 버려야 한다고 규정한다. 개인적으로 산에 묻거나 태우는 것은 불법이다. 하지만 한집에서 살을 부비며 함께 살아온 반려동물을 쓰레기봉투에 넣어 폐기 처리할 수 없는 사람들은 동물장묘업체에 맡겨 화장을 하는 등의 정식 장례 절차를 이용한다.

누군가의 장례를 지낸다는 건 망자에 대한 마지막 예우이자 마음의 표현이다. 반려동물도 마찬가지다. 사람들은 가족으로서 마지막 예의를 갖춰 인간을 보내는 방식 그대로 반려동물을 떠나보낸다. 이렇게 반려동물을 가족처럼 생각하는 사람이 늘면서 새롭게 등장한 신상 패밀리가 있다. 바로 '펫팸족'이다.

펫팸족은 애완동물을 뜻하는 pet과 가족의 family가 합쳐진 신조어로 말 그대로 반려동물을 가족으로 받아들인 사람들을 말한다.

제작진이 김포의 반려동물 화장장에서 우연히 만난 똘이 엄마와 아빠도 펫팸족이었다. 똘이는 그들이 키우던 시추 강아지의 이름이다. 길에서 유기견으로 떠돌던 똘이를 외면할 수 없어 집에 데려와 키우기 시작한 게 15년. 똘이 부모는 신부전증으로 인한 합병증으로 수년간 투병하다가 그날 아침 숨을 거둔 똘이의 시신을 품에 앉은 채 넋이 나가 있었다.

똘이의 장례 절차는 사람의 의식과 거의 비슷했다. 사체를 깨끗이 단장하는 염습 과정을 거친 똘이의 시신은 수레에 실려 가족과 마지막 작별 인사를 하고 뜨거운 화로 속으로 들어갔다. 몇십 분 후 화로에서 나온 똘이의 유골은 곱게 빻아져 유골함에 담긴 채 부모 품에 다시 안겼다.

그 모든 과정은 매우 진지하고 엄숙했다. 똘이 부모의 슬픔이 너무 커서 생전에 똘이가 그들에게 어떤 존재였는지를 보지 않아도 느낄 수 있었다.

"내 생명의 1년 만이라도 얘한테 나눠주고 싶어요. 그래서 1년이라도 더 살았으면…."

죽은 반려견에게 생을 나눠주고 싶다는 말을 마지막으로 똘이 부모는 똘이의 유골함을 가슴에 품고 울면서 화장장을 떠났다. 2015년 기준, 우리나라 전체 가구의 21.8퍼센트에 해당하는 457만 가구가 반려동물을 키우는 것으로 조사됐다. 5가구 가운데 1가구 이상은 반려동물을 키운다는 의미다. 인구로 따지면 1000만 명이 넘는 숫자다.

반려동물을 가족이라고 생각하는 펫팸족의 출현은 1인 가구의 증가와 고령화 추세 등 가족 구조의 변화와 상관이 있다. 특히 대한민국에서 가장 많은 가구 형태가 된 1인 가구의 증가가 펫팸족 증가에 큰 영향을 준 것으로 분석되고 있다. 실제로 많은 '나 홀로 가족'이 개나 고양이를 비롯해 다양한 반려동물을 키우고 있는데 앞서 나온 '나 홀로족' 김석 씨도 펫팸족이다.

서울의 다세대주택 밀집촌에 위치한 빌라에서 고양이 세 마리와 함께 살고 있는 김석 씨는 하루의 시작과 끝을 고양이 세 마리와 함께한다. 아침이면 맞춰 놓은 알람보다 먼저 일어난 고양이가 김석 씨를 깨운다. 자고 있는 김석 씨의 배 위에 올라가 꾹꾹이를 하면 김석 씨는 고양이 세 마리를 번갈아 쓰다듬어주며 아침잠을 깬다. 일어나면 고양이 밥과 물부터 챙겨준 뒤에야 아침을 먹고 나갈 준비를 한다.

김석 씨가 카페로 출근하기 위해 집을 나서면 고양이들이 먼저 현관 앞으로 와서 김석 씨를 배웅할 채비를 한다. 그가 현관문을 닫는 순간까지 세 고양이는 눈을 반짝이며 김석 씨를 바라봐준다.

일을 마치고 집에 돌아올 때도 마찬가지다. 김석 씨가 계단을 오르는 소리만 들려도 고양이들은 누군지 벌써 알고 우당탕거리며 현관 앞으로 마중을 나간다. 문이 열리고 김석 씨가 보이면 살을 부비며 동거인의 귀가를 반긴다. 김석 씨는 신발도 벗지 않고 고양이들부터 품에 안고 쓰다듬는다. 그러다 보면 그날 쌓인 피로감이 '굉장히 짧은 순간에 확 회복되는 느낌'을 받는다고 한다.

김석 씨는 고양이들과 자신은 위로와 돌봄을 주고받는 관계, 즉 가족이라고 말한다. 자신은 고양이들의 밥과 뒤처리 등 집사 역할을 하지만 고양이들은 김석 씨에게 희로애락은 물론, 말로 다 할 수 없는 정서적

안정과 심리적 위로를 준다는 것이다.

"고양이가 없었으면 포악해졌을 것 같아요. 정서적으로 불안하거나 힘들 때 말없이 옆에 있어주는 게 더 큰 도움이 될 때가 있는데 고양이들한테 그런 치유를 받아요."

김석 씨와 같은 펫팸족이 이구동성으로 하는 말이 있다.
자신들이 돌봐줘야 하는 반려동물을 보면 '내가 필요한 사람', '쓸모 있는 사람'이라고 느껴져 책임감이 생긴다는 것이다. 그래서 반려동물이 아프면 슬프고 헤어지게 될까 봐 걱정되고 신경이 쓰인다고 한다.
펫팸족 남영주 씨는 매일 경기도의 한 반려동물 납골당을 찾는다. 그곳에는 남영주 씨랑 16년을 함께 살다간 시추 강아지 수석이가 안치돼 있다.

수석이가 숨을 거둔 건 남영주 씨가 출산을 하고 얼마 지나지 않아서였다. 그녀가 만삭이었을 당시 심장병을 앓고 있던 수석이는 이미 치료가 불가능한 상태였다. 너무 아파하는 수석이를 그냥 떠나보낼 수 없었던 남영주 씨는 늘 수석이에게 "떠나려면 엄마 아이 낳고 날 따뜻할 때가, 수석아"라고 말했다고 한다.

그 말을 알아듣기라도 한 것처럼 수석이는 아주 따뜻하고 화창한 어느 날 세상을 떠났다고 한다. 거의 매일 납골당에 온다는 남영주 씨는 아직 가족을 떠나보낸 상처에서 벗어나지 못한 듯 보였다.

"마지막에 같이 있어주지 못했어요. 혼자 가지 않게 해주겠다고 약속했는데 병원에 도착했더니 3분 전에 숨을 거뒀더라고요. 잘해준 것보다 못해준 것만 자꾸 생각나요."

남영주 씨는 수석이의 49재를 지내고 있었다.

"49일 동안 매일매일 기도를 해주면 좋은 곳으로 간다고 하더라고요. 마지막으로 해줄 수 있는 게 그것밖에 없으니까… 좋은 곳으로 가라고요. 언젠가는 다시 만나겠죠?"

로봇의 천도재만큼이나 놀라운 일이었다. 고양이나 개처럼 사람에게 익숙한 반려동물을 키우는 펫팸족들은 한결같이 말한다. 자신이 어떤 사람이든, 못났건 잘났건, 돈이 많건 적건, 아무것도 따지지 않고 자신을 대하는 반려동물에게서 큰 위로를 받는다고.

남영주 씨도 같은 말을 했다.

"밖에서 안 좋은 일이 있어 집에 왔을 때 가족이 무슨 일이냐고 묻는 것도 짜증날 때가 있어요. 그럴 때 반려동물이 옆에 와서 가만히 기대앉아 있으면 위로가 돼요. 그런 순간들 있잖아요. 말보다 옆에 가만히 있어주는 게 위로가 되는 거…."

인간관계와는 또 다른 무언가를 반려동물과의 관계에서 얻는다는 것이다. 옆에 있어주는 것만으로도 위로가 되는 존재, 죽음에 예의를 갖추고 싶은 존재, 나를 필요로 하기에 기꺼이 책임지고 싶은 존재, 그리고 명복을 빌고 언젠가는 다시 만날 날을 기약하는 존재. 펫팸족은 혈육들과 나눴던 그대로 반려동물과의 관계를 키워간다. 그 완성된 관계는 곧 새로운 가족의 탄생이었다.

사제 가족
박순경, 김애영 교수 이야기

가족은 그 누구와도 비교할 수 없는 소중한 존재다. 가족에게는 조건 없는 사랑과 희생을 얼마든지 바칠 수 있다. 그 모든 것에 우선하는 존재, 혈육은 그런 것이다. 과거에도 그랬고 현재에도 그렇고 앞으로도 그럴 것이다.

그런데 가족에 대한 사람들의 생각은 변하고 있다. 특히 가족 구성원의 범위와 개념에 대한 생각이 눈에 띄게 유연해지고 있는데, 우리가 신상 패밀리라고 분류한 사람들은 한결같이 가족이 꼭 혈육이 아니어도 괜찮다고 말한다. 가족의 기존 개념을 부정하는 방식이 아닌 확장하는 방식으로.

"가족이란 혈연 이전에 가슴으로 연결된 거죠."

"누구든 가족이 될 수 있어요. 서로 사랑하고 지지한다면요."

"가족이 굳이 혈육이어야 할까요? 예외는 언제나 있을 수 있잖아요."

중요한 것은 피보다 관계라는 말이다. 이들은 피가 아닌 친밀한 관계로도 가족이 될 수 있다고 말한다. 대체 왜일까? 친밀한 관계로 맺어진 가족은 어떤 모습이고 또 뭐가 다를까?

박순경(94) 교수와 김애영(65) 교수는 피 한 방울 섞이지 않은 사이다. 두 사람은 이화여자대학교에서 스승과 제자로 만난 인연으로 26년째 함께 살고 있다.

두 사람은 모녀이자 인생의 동반자와 같은 사제지간이었다. 아무렇지 않게 서로를 엄마와 딸로 부를 만큼. 두 사람의 관계가 어떻게 되느

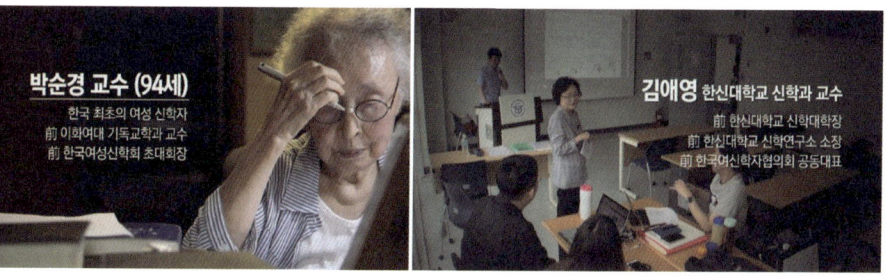

나는 질문에 명쾌하게 가족이라고 말했다.

이렇게 특별한 관계는 1971년으로 거슬러 올라간다.

당시 이화여자대학교 기독교학과에 입학한 김애영 교수 눈에 박순경 교수는 우상 같은 존재였다. 박순경 교수는 당시로선 드물게 미국 유학까지 다녀온 싱글 교수로 학문적 열정과 깊이는 물론 미모까지 빼어나서 따르는 학생이 무척 많았다고 한다. 게다가 서슬 퍼런 그 시절 학생들을 위한 일이라면 정부의 탄압에도 당당히 맞서는 박순경 교수는 어린 제자의 눈에 멋진 스승이자 존경할 만한 시대의 양심이었다. 학생들 간에 경쟁이 벌어질 정도로 인기가 많았고 김애영 교수도 그 학생 가운데 한 명이었다.

"박순경 선생님의 수업을 듣고 너무 좋아서 쫓아다니곤 했어요. 저처럼 선생님을 따라다니는 학생이 많아서 저는 어떻게든 교수님 눈에 띄고 싶고 가까워지고 싶어서 정말 열심히 공부했어요."

박순경 교수에게 김애영 교수가 단순한 제자가 아닌 특별한 존재로 느껴지기 시작한 것은 1978년. 설악산 등반을 갔다가 다리가 부러진 박순경 교수는 수술을 받고 입원하게 되는데 당시 대학원생이었던 김애영 교수가 찾아와 간호를 자청한 것이다.

"내가 부탁하지도 않았는데 정말 헌신적으로 간호를 해줬어요. 퇴원을 한 뒤에도 목발을 짚고 다니는 나를 교실까지 부축해주고 택시도 잡아준 사람이 김 교수였어요. 석사에서 박사 넘어갈 때라 공부하기도 바빴을 텐데 배낭 지고 다니면서 내가 다 나을 때까지 도와줬죠. 그게 인연이 됐지요."

그 이후에도 김 교수의 스승 바라기는 계속됐다. 한국 신학계의 거목인 박순경 교수가 1991년, 통일운동에 앞장서다 체포당하자 당시 박사과정을 마치고 대학에 강의를 나가던 김 교수는 밖에서 옥바라지를 하면서 석방운동을 벌인다. 이런 노력으로 붙잡힌 지 106일 만에 박 교수가 풀려나지만 경찰의 감시와 조사가 계속되자 스승을 보호하기 위해 박 교수 집에 들어가 함께 생활을 한다.

이때부터 시작된 동거생활이 지금까지 이어졌다. 그 사이 제자였던 김애영 교수는 스승처럼 한 대학의 신학과 교수가 됐고, 두 사람은 학문적 동지이자 가족으로 함께 살고 있다.

당시 두 사람에게 가족이 없던 건 아니었다. 박순경 교수는 9남매의 막내였고, 김애영 교수는 4남매 중 셋째였다. 두 사람 모두 다복한 집에서 자랐는데, 박 교수와 김 교수의 가족 모두 딸에게 결혼을 강요하지 않는, 그 시대에는 매우 드문 개방적인 가족이었다고 한다. 그저 자식이 행복한 삶을 선택해 잘 살도록 응원해줄 뿐이었다고. 그런 혈육을 두었음에도 두 사람은 서로 가족이 된 것이다.

제작진이 관찰한 두 사람의 일상은 허물없는 모녀 사이 같았다. 하늘 같은 스승과 고분고분했던 제자는 오랜 세월을 함께하며 적절히 맞춰지고 잘 어우러졌다. 두 사람의 관계가 인상적으로 느껴졌던 것은 먹는 것, 보는 것, 사회문제, 정치 이슈 등에 대해 거침없이 토론을 벌이고 쉴 새 없이 티격태격한다는 점이었다. 하지만 그 모습이 조금도 불안하지 않다. 제작진이 지켜본 두 사람은 재밌고 또 뭉클했다. 거침없는 말 속에 서로를 위하는 마음이 제작진에게도 전달될 정도였다.

같은 길을 걸어가고 같은 삶을 선택했지만 두 사람은 기본적인 성향이 매우 다르다. 기상에서부터 잠이 들 때까지 먹는 것이나 먹는 양, 낮잠 시간과 운동 방법까지 자신이 세운 계획과 시간에 따라 움직이는 박 교수와 달리 김 교수는 스승보다는 자유롭고 기분파다. 음식에 관심이 많은 제자와 달리 박 교수는 먹는 데 별로 관심이 없다. 그런데도 어떻게 그 오랜 세월을 함께 살 수 있었을까?

"우리는 서로에게 하고 싶은 말을 마음에 담아두지 않아. 그런 게 없어요. 할 소리 다 해요. 뭐든지 다 이야기해요. 싸우는 한이 있어도요. 싸우면 또 풀고 토론하고 그래요."

싸우지 않는 가족이 없고 싸움이 없는 가족이 행복하다고 말할 수도 없다. 싸울까 봐 속내를 말하지 않고 참는 것보다 싸우고 난 뒤 어떻게 푸느냐가 더 중요하다. 서로 다르다는 것을 인정하는 마음이 있다면 아무리 심하게 싸워도 소통과 배려가 가능하다. 두 사람은 그렇게 26년을 살아왔다.

이제 두 사람은 떨어져서 살 수 없는 관계가 됐다. 그래서 서로의 앞날을 고민한다. 김애영 교수는 아흔이 훌쩍 넘은 스승의 건강이 염려되고, 박순경 교수는 당신이 세상을 떠나면 혼자 남게 될 제자가 걱정이다. 가족으로서 이것이 가장 큰 고민이라고 했다.

법적으로 두 사람은 가족이 아니다. 그러나 피 한 방울 섞이지 않았어도 서로를 가족으로 생각하는 데는 의심이 없다. 스스로 선택한 내 편, 의기투합해 만든 친밀한 관계. 그렇게도 가족이 될 수 있다는 것을 이들이 증명하고 있다.

"편안하고 건강하게 잘 살았죠. 선생님이 계셔서 열심히 공부할 수 있었고 학생들 가르치는 데도 몰두할 수 있었어요. 힘들 때 염려해주고 또 도움을 주고, 같이 산다는 게 이렇게 좋은 거구나 느껴요."

"김 교수가 있어서 나는 감사할 따름이지. 정말 감사해요. 더 이상 바랄 게 없어요."

비록 소수지만 이미 우리 사회에는 사제 가족이나 펫팸족 등 혈연관계나 결혼과 같은 전통적 방식이 아닌 다른 방식으로 가족을 구성해 사는 사람들이 존재한다. 그리고 이러한 신상 패밀리는 계속해서 나타나고 있고, 앞으로 더 늘어날 가능성이 매우 크다. 이런 현상이 가족의 신성함에 도전하고 부정하는 것은 결코 아니다.

가족 형태가 변하는 속도는 생각보다 빠르다. 사람들이 적응하고 받아들이기까지는 일종의 시간차가 존재한다. 하지만 분명한 것은 대다수 사람들은 이미 그들이 어렸을 때와는 달리 다양한 형태의 가족이 존재한다는 걸 인식하고 있다는 점이다.

사람들은 이제 관계에 주안점을 두기 시작했다. 사람들이 다양한 방식으로 가족을 구성하기 시작하면서 가족 구성원들도 다양해졌다. 이젠 개인이 가족에 대해 어떻게 생각하느냐에 따라서 가족의 형태가 결정되고 있다. 내가 생각하는 가족과 당신이 생각하는 가족이 다를 수 있다. 결국 가족의 의미를 하나로 정의하기는 점점 힘들어질 것이다. 개인에 따라 가족의 의미가 다르게 정의될 수 있기 때문에.

3
버릴 수도, 소유할 수도 없는

블러드 패밀리

FANTASTIC FAMILY

가족의 존재에 대한 사람들의 생각은 매우 빨리 그리고 창의적으로 변하고 있다.
사람들은 가족에 대해 솔직하게 말할 준비가 되어 있다.

"섭섭할 때가 너무 많아서… 사소한 것에 섭섭해요."
"가족 때문에 실망한 적이요? 물론 많죠. 누구나 그렇지 않나요?"
"시도 때도 없이 싸워요. 법적으로는 가족이지만 싸울 때는 남보다 못하죠."
"진짜 두 번 다시 보고 싶지 않다고 느낄 때가 한두 번이 아니에요."
"아무리 가족이지만 내 마음을 몰라줄 때 배신감을 느껴요."

하지만 그렇게 싸우고, 상처 받고 실망하면서도 사람들은 여전히 가족을 찾는다.
정말이지 가족에 대한 사람들의 마음은 한마디로 설명되지 않는다.
가족도 선택할 수 있는 세상이 왔는데 왜 우리는 여전히 내 핏줄, 내 혈육을 찾는 걸까?

쓸모없는 큰 아기
밤보치오니와 탕기

지난해 4월, 이탈리아 지방법원의 한 판결이 세간의 주목을 받았다.

한 중년 남성이 28세 아들을 더 이상 부양할 수 없다며, 아들이 직장을 얻고 자립하도록 강제해줄 것을 법원에 요청했는데 법원이 이를 받아들이지 않은 것이다. 판결 당사자였던 아버지는 대학에서 수년째 공부만 하는 아들이 스스로 먹고살기 위해 일자리를 찾으려는 어떤 노력도 하지 않고 있다며 아들이 더는 재정적 지원을 받을 자격이 없고, 시간제 일자리라도 얻어 스스로 돈을 벌어야 한다고 주장했다. 하지만 법원은 목표를 위해 공부하는 아들의 학비를 아버지가 내야 한다고 판결한 것이다.

> **캥거루족**(부모에게 경제적으로 기대어 사는 자식)
> **자라족**(부모 뒤에 숨어 의존하는 자식)
> **키퍼스**(부모의 퇴직 연금을 빼먹는 자식)
> **탕기족**(부모에게 얹혀 사는 자식)
> **슴노족**(늙은 부모의 재물을 핥아 먹는 자식)
> **패러사이트 싱글**(부모에게 기생하는 독신 자식)
> **부메랑족**(부모의 품으로 다시 돌아온 성인 자식)
> **밤보치오니**(부모가 돌봐줘야 하는 아기 같은 자식)

'쓸모없는 큰 아기'를 뜻하는 '밤보치오니(bamboccioni)'는 성인이 되어서도 부모에게 얹혀사는 사람들을 일컫는 말이다. '캥거루족'과 같은 의미인데, 20~30대는 물론 40대까지 부모 집에 얹혀사는 밤보치오니 문제로 이탈리아는 골머리를 앓고 있다. 이탈리아에서 성인인 자녀가 부모에게 경제적 지원을 요구하는 이런 법정 분쟁은 1년에 무려 8000건에 이른다고 한다.

밤보치오니 문제는 2008년 세계적인 경제 위기의 여파로 이탈리아의 청년 실업률이 40퍼센트까지 치솟으면서 불거졌다.

사정은 다른 유럽 국가도 마찬가지다.

프랑스에서도 2001년 부모 집에 얹혀사는 28세짜리 대학 강사 아들 탕기의 이야기를 그린 코미디 영화 〈탕기〉 이후 '탕기(Tanguy)족'이라

는 말이 생겼고, 영국 역시 '부모 지갑에서 퇴직연금을 빼먹는 자식들(Kids In Parents' Pockets, Eroding Retirement Savings)'의 약자인 '키퍼스(Kippers)' 세대가 있다.

스페인에서는 '니니스(ni estudia ni trabaja)'라고 부른다. 공부도 구직도 하지 않는 청년을 뜻하는 말인데, 이들이 놀고 싶어서 학업과 구직 활동을 포기하는 것은 아니다. 스페인의 청년 실업률은 2015년 기준, 무려 50퍼센트에 육박한다.

자립을 중시하는 미국에서조차 부모에게 얹혀사는 청년들인 캥거루족의 수가 급증하고 있는 것으로 조사됐다. 미국의 한 조사기관은 부모에게 얹혀사는 18~34세 미국 청년의 비중이 1940년 자료 집계를 시작한 이래 최고치를 기록했다고 발표했다. 이들 중 부모의 집에 얹혀사는 사람의 비중은 40.9퍼센트에 달한다고 한다.

최근 세계경제포럼과 경제협력개발기구(OECD)가 발표한 보고서에 따르면 캥거루족은 세계 전반의 현상이 된 지 오래다. 2015년 전 세계 16~29세 청년 인구 중 약 15퍼센트에 달하는 4000만 명이 취업도, 교육도, 구직 활동도 하고 있지 않는 것으로 집계됐다. 부모에게 얹혀사는 성인들을 일컫는 말이 나라마다 있을 만큼 전 세계적으로 보편적인 현상이다.

자라족 부모 뒤에 숨어 의존하는 자식
탕기족 부모에 얹혀사는 자식
밤보치오니 부모가 돌봐줘야 하는 아기 같은 자식
패러사이트 싱글 부모에게 기생하는 독신 자식
키퍼스 부모의 퇴직연금을 빼먹는 자식
습노족 늙은 부모의 재물을 핥아 먹는 자식
부메랑족 부모의 품으로 다시 돌아온 성인 자식
컨라오족 독립하지 못하고 부모의 재산을 축내는 자식
트윅스터 청소년의 사고와 말투를 따라 하는 어른
네스트호커 둥지를 떠나지 않고 어미 새에게 의존하는 자식

　부르는 말은 달라도 의미는 하나! 살아 있는 등골 브레이커, 부모 골 빠지게 하는 자식들이라는 뜻이다. 여기에다 실직하거나 연봉이 깎여 다시 부모의 집으로 돌아오는 '부메랑 세대'도 서구 많은 나라의 골칫거리다.

　한국도 예외는 아니다. 그동안 우리나라는 성인이 된 자식이 부모와 같이 사는 것에 관대했다. 성인이 되자마자 독립하는 게 일반적인 미국이나 유럽과 달리 한국 사회는 대학 졸업은 기본이고 결혼하기 전까지는 같이 사는 게 아무렇지 않을 정도로 당연한 일이었다. 하지만 청년 실업과 경제난, 길어진 수명으로 인한 노후의 경제적 부담이 증가하면서 '자식이라면 빚을 내서라도 지원한다'는 한국 부모들의 생각도 변한 지 오래다.

요즘 한국에선 '리터루족'이라는 말도 등장했다. 리터루는 리턴(Return)과 캥거루(Kangaroo)를 합성한 신조어로 결혼을 위해 독립다가 경제적인 문제로 다시 부모의 집으로 돌아오는 자식을 말한다.

일본의 경우는 표현이 더 독하다. '패러사이트 싱글'이라고 하는데 패러사이트(Parasite)는 기생충이라는 뜻이다. 이 표현은 1990년대 말부터 등장했는데 패러사이트 싱글들은 부모에게 얹혀살면서 식비나 주거비, 생활비 등을 전가한다. 경제적 지원만 받는 게 아니다. 의식주 모두를 의존한다. 부모는 다 큰 자식을 위해 밥상을 차리고, 빨래를 해주고 방 청소까지 한다. 어릴 때 부모에게 받던 돌봄과 보살핌을 나이 들어서도 그대로 이어가는 것이다.

패러사이트 싱글들은 돈을 번다 해도 그 돈은 오직 자신을 위해서만 쓴다. 오죽했으면 일본 사회가 이들을 기생충이라고 표현했을까? 부모 입장에서 패러사이트 싱글들은 지독하게 이기적인 존재다. 자식이 아니라 원수다.

세계적으로 경기 불황인 시대에서 부모에게 의존하는 자식의 증가는 불편한 트렌드가 되고 말았다. 이제 캥거루족은 개인 문제만은 아니다. 문제가 사회현상이 되면 그것은 곧 모두의 문제다. 이럴 때는 국가와 사회가 나서 문제 해결을 위해 노력해야 하지만 불확실성 시대에서 국가와 사회는 이 문제를 해결할 능력이 없다. 별로 도움이 되지 않는다.

이럴 때 가장 만만한 건 결국 가족, 혈육밖에 없다.

자식이 부모의 고혈을 빨아 먹고 살 수밖에 없는 지금, 세계의 블러드 패밀리는 가족을 위해 고군분투하고 있다. 왜 우리는 가족한테 의존해야 하는 걸까? 우리는 왜 가족을 찾을 수밖에 없는 걸까? 이들의 사는 모습이 궁금하다.

영국의 키퍼스
레오 이야기

영국 켄트 주의 위트스터블(Whitstable). 위트스터블은 아름다운 해안 도시로 런던에서 당일치기로 즐길 수 있는 휴양지다. 생활수준도 높고 해안 주변으로 아름다운 풍광과 멋진 식당이 펼쳐져 있어 느긋하고 안정적인 생활을 바라는 가족에게 어울리는 곳이다.

25세 청년 레오는 위트스터블에서 엄마와 함께 살고 있다. 2년 전 대학을 졸업한 레오는 취업하기 위해 런던으로 갔지만 악명 높은 집세와 높은 물가를 감당하지 못하고 이혼해서 혼자 살고 있는 엄마의 집으로 돌아왔다. 레오는 영국의 키퍼스족, 그러니까 부메랑처럼 돌아온 캥거루족이다. 제작진이 레오를 만난 2016년 4월, 당시 그는 2년 가

레오의 희망과 달리 속이 타들어가는 엄마
저는 음악가예요. 작곡을 하죠

까이 엄마의 집에서 얹혀살고 있었다.

레오는 맨체스터에 있는 한 대학에서 대중음악을 전공했다. 화가인 엄마의 권유로 다섯 살 때부터 피아노를 쳤던 레오는 사실 신동 소리를 듣는 피아노 영재였다. 대회를 나갈 때마다 1등을 놓치지 않았고 어린 나이에 콘서트도 열었다. 엄마는 레오가 뛰어난 피아니스트가 될 것을 믿어 의심치 않았다. 그러나 레오는 엄마의 바람대로 자라지 않았다. 13세 무렵 대중적인 비트와 선율을 만들더니 14세가 되자 피아노 치기를 거부했다. 클래식이 아닌 대중음악에 흠뻑 빠진 것이다.

결국 레오는 대학에서 대중음악을 전공했다. 지금은 로직(Logic)이라는 전자녹음장비(시퀀서)를 사용해 음악을 만든다. 그의 꿈은 대중음악가가 되는 것이다.

"음악 산업에 뛰어들어 사람들이 춤출 수 있는 그런 음악을 만들고

싶어요. 라디오에서 연주도 하고 밴드를 만들어 라이브 공연도 하고…. 그게 직업이면 좋겠어요."

자신이 만든 음악을 음반사나 음악 관계자들에게 선보이기 위해 런던에 간 레오는 1년 가까이 버텼지만 재정적인 문제에 부닥쳐 뜻을 펼치지 못했다. 제작진에게 자신을 뮤지션으로 소개했지만 그 일로 돈을 벌지 못하는 레오의 현실은 엄마 집에 얹혀사는 백수일 뿐이다. 레오와 같은 케이스는 영국은 물론 전 세계적으로 흔하고 평범한 현상이 되고 있다. 레오는 자기 주변에도 부모님과 같이 살거나 아예 독립조차 해본 적 없는 친구들이 꽤 있다고 했다.

레오의 엄마 카트리나는 매우 주관이 강하고 적극적인 성격의 화가

이자 직접 만든 초콜릿을 파는 판매업자다. 카트리나는 관습에 얽매이는 것을 아주 싫어한다고 말했다. 또한 자신을 표현할 수 있는 일을 하면서 사는 창의적인 사람이라고도 했다. 우리가 살펴본 바에 따르면 그녀는 현실 정치에도 관심이 많은 독립적인 여성이었다. 그런 카트리나에게 다 큰 자식을 왜 받아주었냐고 묻자 영국의 정치 상황과 레오 같은 청년들이 처한 현실에 분개했다.

"왜 받아줬냐고요? 그럼 어디로 가요? 길거리에서 자나요? 그렇게 할 수는 없죠. 레오는 지금 재정적으로 독립할 수 있는 상황이 아니에요. 70, 80년대에는 젊은이들이 독립적으로 사는 것이 훨씬 더 쉬웠어요. 직장도 쉽게 얻었고요. 지금은 직장을 얻는 게 쉽지 않아요. 그리고 주거비용이 훨씬 더 비싸졌습니다. 정말 끔찍해요."

현실적으로 레오가 손 내밀 수 있는 곳은 가족뿐이었다. 이혼한 남편은 레오의 대학 시절 도움을 주었고 새로 꾸민 가정에 자식도 둘이나 있어 이번에는 엄마가 나섰다.

카트리나가 아들 레오에게 해줄 수 있는 가장 큰 재정적 지원은 자신의 집에 레오를 살게 해주는 것이다. 영국의 살인적인 집세와 생활비는 청년들에게 가장 큰 부담이기 때문이다. 카트리나는 레오 같은 젊은 세대들이 부모에게 의지할 수밖에 없는 상황을 이해했다.

그녀는 레오와 함께 살면서 매일 아침 서로 안부를 묻고 같이 밥을 먹거나 TV를 보고, 취미생활도 공유할 수 있어서 가끔씩은 정말 좋다고 했다. 그러나 다 큰 아들과 자유분방한 엄마가 함께 사는 건 힘든 일이다.

카트리나의 집은 현관문을 열고 들어가면 계단이 있는 2층짜리 아파트였다. 좁지도 넓지도 않은 규모였다. 레오가 자신의 방에서 컴퓨터로 음악 작업을 하면 거실에서 그 소리가 다 들렸다. 아들이 작곡을 하기 위해 거실에서 피아노라도 치면 엄마는 그 모습을 지켜봤다. 이 일로 모자는 갈등을 겪고 있었다. 완성되지 않은 음악을 누군가가 듣는 게 싫다는 레오는 제작진이 촬영하던 날도 그 문제로 엄마와 말싸움을 벌였다. 하는 일의 특성상 집에 있는 시간이 많은 화가 엄마와 음악을 하는 아들의 동거는 만만한 게 아니었다.

카트리나는 아들의 기분을 상하게 하고 싶지 않아 했고, 아들이 자신에게 무시당하거나 존중받고 있지 못한다는 느낌을 받을까 봐 매우 조심스러워했다.

"엄마로 사는 게 어려워요. 엄마라는 역할을 버리는 게요. 갈등이 있죠. 레오는 제가 간섭하는 것을 싫어하니까요. 하지만 엄마로서 눈에 보이는데 간섭 안 하기가 힘들어요."

레오는 엄마 집에 살면서 돈을 모으고 있다. 돈이 좀 모이면 런던이나 맨체스터로 돌아가 본격적으로 음악 일에 뛰어들 생각이라고 한다. 그래서 레오가 하는 일은 직업이라기보다 일종의 아르바이트였다. 음악과는 전혀 상관없지만 보수가 나쁘지 않아 선택한 일은 주방 보조와 막노동이었다.

레오는 일주일에 다섯 번 집 근처 유명한 식당 주방에 나가 설거지를 하고 셰프가 할 요리의 재료를 다듬는다. 식당에 나가지 않는 날에는 건축 현장에 나가 막일을 한다. 레오는 피아노를 치고 음악 작업을 하던 길고 고운 손가락으로 험한 육체노동을 하고 있었다.

카트리나는 아들이 창작생활에 전혀 도움이 되지 않는 일 대신 음악

레슨이라도 하길 바라지만 레오는 거부하고 있다. 남을 가르치는 데 자신의 음악적 재능을 쏟고 싶어 하지 않는 눈치였다.

꿈과는 전혀 상관없는 일을 하는 자식을 지켜보는 건 엄마로서 고통스러운 일일 것이다. 아들이 짐짝처럼 느껴질 만한 상황에 처한 카트리나에게 혈육은 어떤 의미일까?

"굉장히 소중하고 중요하죠. 하지만 가족이라고 좋지 않은 것까지 받아들여야만 하는 것은 아니죠. 가족이 하는 일이 제 마음에 안 들면 그들을 밀어낼 수도 있어요. 가족이라 하더라도 말이죠."

하지만 대답과 달리, 카트리나는 꿈을 미루고 생계 전선에 뛰어들 수밖에 없는 아들의 현실을 외면하지 못했다. 도와달라는 아들의 손을 내치지도 못했다. 이유를 묻자 카트리나는 이렇게 말했다.

"가족이니까요. 레오는 세상에서 가장 소중한 사람이니까요."

가족은 서로에게 행복을 주기도 하고 고통이 되기도 한다. 카트리나에게 아들 레오가 바로 그런 존재였다.

피를 나눈 가족은 그렇게 생애 가장 큰 기쁨과 좌절을 동시에 안겨주는 '모순투성이'의 존재다. 하지만 그들 때문에 힘든데 또 그 힘들게 하는 가족이 없이는 살 수 없는 것이 우리 모두가 처한 현실이기도 하다. 국적이 다를 뿐 세상의 모든 가족은 그렇게 살아간다.

프랑스의 탕기
위고 이야기

레오 같은 캥거루들을 품어줄 곳은 정녕 엄마 배 속뿐일까? 눈에 넣어도 아프지 않은 자식은 다 커서도 여전히 부모의 아픈 손가락이다.

프랑스에서 만난 위고도 그런 경우였다.

25세 위고는 프랑스의 전형적인 탕기족이다. '탕기(Tanguy)'는 성인이 되어서도 부모에게 얹혀사는 '진드기' 같은 자식을 일컫는 말인데, 위고는 25세가 되도록 엄마 품을 떠난 적이 없었다. 레오처럼 직업이 없는 것도 아니었다.

일찌감치 진로를 정한 위고는 고등학교 졸업 후 직업 전문학교에 진학해 자동차 정비 기술을 배웠다. 2년 과정을 수료한 위고는 수련 과정

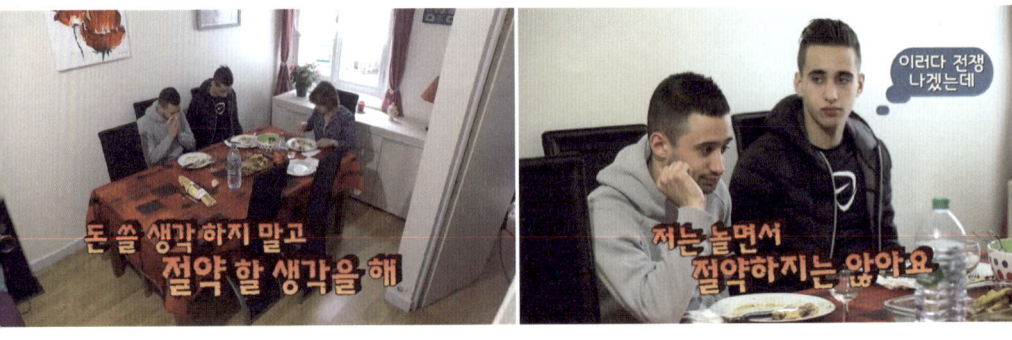

과 인턴 사원을 거쳐 자동차회사에 정식 사원으로 취직했다. 촬영 당시 위고는 집 근처에 있는 BMW사의 정비센터에서 정비기사로 일하고 있었다. 많지는 않아도 프랑스 최저임금인 1400유로(170여만 원)보다 월급이 많은 4년 차 직장인이었다.

그런데 위고는 엄마의 집에서 두 동생과 함께 살고 있었다. 성인이 되고 돈벌이를 하면 독립하는 게 일반적인 서구 사회에서 위고는 제작진에게 좀 낯선 케이스였다. 청년 실업의 당사자도 아닌데 왜 독립하지 않았냐는 질문에 위고는 '가족과 함께 사는 게 좋아서'라고 했지만 그 이유가 전부는 아니었다.

제작진이 본 위고는 축구와 음악을 좋아하고 패션에 관심이 많은 청년이었다. 짝 달라붙는 청바지와 점퍼가 아주 잘 어울리는 위고는 여느

또래 청년들처럼 멋내기와 외모에도 관심이 많았고, 직업 때문인지는 모를도 차에도 관심이 많았다. 위고는 BMW사의 멋진 자동차를 가지고 있었는데, 중고라고 해도 매우 값이 나가는 차였다. 보험이다 뭐다 해서 유지비도 만만치 않을 것 같았는데 아니나 다를까, 한 달에 130유로나 되는 자동차 보험료를 엄마가 내주고 있었다. 1년이면 200만 원 가까운 금액이었다.

엄마 루르데스는 요즘 들어 위고와 같은 청년들이 늘고 있다면서 "부모의 집에 기거한다는 사실 자체가 그들은 아무런 책임감을 지고 싶어 하지 않는 거예요. 그러고는 마음껏 지출을 하는 거죠. 그래서 부모와 같이 사는 거예요"라고 말했다.

위고는 결국 경제적인 이유로 독립을 하지 않는 거였다. 노는 것을 좋아할 뿐더러, 한창 돈 쓸 나이에 집에서 살면 생활비랑 집세를 절약할 수 있다. 그러면 자신이 번 돈은 온전히 자신에게만 지출할 수 있다. 위고도 인정했다.

"집에서 살면 먹는 거며 생활하는 거며 좋은 게 더 많아요. 만약 독립을 한다면 엄마의 집에서 지내던 것처럼 지낼 수 없게 돼요. 아주 좁은 집에서 아끼면서 살아야 해요. 한 달 월급에서 반이나 차지하는 700~800유로가 매달 집세로 빠져 나간다고 생각하면 선뜻 나가기가 쉽지 않아요."

건물 관리인으로 일하는 엄마 루르데스는 장남인 위고와 아직 학생인 위고의 두 동생까지 3남매를 부양하고 있었다.
위고는 점심도 집에 와서 먹었다. 회사가 집에서 도보로 10분 거리에 있어 점심시간이면 늘 집에 와서 밥을 먹는다고 했다. 제작진이 위고의 가족을 촬영을 하던 날에도 위고는 평소처럼 집에 와서 점심을 먹었고, 그런 아들을 위해 엄마는 닭요리를 해놓고 기다리고 있었다. 밥 사먹는 돈을 줄여 아들이 돈을 모을 수 있게 엄마가 돕고 있는 건데, 엄마 집에 살면서 집밥까지 누리는 위고는 정말 간 큰 아들 아닌가? 낳아줘, 키워줘, 밥도 해줘⋯. 핏줄이라 그런가? 가족은 이래도 되는 건가? 엄마는 이런 아들이 얄밉지도 않나?

"그렇지 않아요. 아이들을 너무 사랑해요. 아이들은 제 인생이자 가장 값진 존재예요. 같이 살아서 제게 나쁜 건 전혀 없어요. 오히려 그 반대죠. 함께하는 모든 시간이 소중해요."

루르데스는 "가족은 각자의 삶이 있지만 퍼즐처럼 꼭 필요한 하나의 조각들"이라고 말했다. 그만큼 아들 위고는 그녀의 삶에서 없어선 안 될 조각이었는데, 이혼 후 한동안 웃음을 잃고 나락으로 빠진 자신에게 삶의 의지를 되찾게 해준 것은 곁에 있어준 아들 위고였다고 한다.

가장 사랑하는 가족에게 내동댕이쳐져 본 사람은 안다. 가족에게 입은 상처는 오직 가족밖에는 치유해줄 수 없다는 것을. 그 역할을 위고가 한 것이다.

엄마를 끔찍이 생각하는 위고는 아주 살가운 아들이었다. 살고 있는 아파트의 건물 관리인으로 일하는 엄마를 도와 아파트 입주자들의 우편물을 분류해 배달하기도 하고, 파리의 숨은 명소를 소개한 책을 가져와 엄마가 친구들과 함께 놀러 갈 곳을 추천하기도 했다. 아직 학생인 동생들에게 아빠 역할도 하는 위고는 엄마 품이 떠나기 싫은 철부지 캥거루이면서 가족에 온기를 불어넣는 존재이기도 했다.

엄마에게 가족이 소중한 것처럼 아들도 마찬가지였다. 위고는 "가족과 함께 있을 수 있어서 좋아요. 굉장히 따뜻하죠, 함께하는 모든 것들이요"라고 말했다.

위고가 가족을 남다르게 생각한다는 것을 엄마는 누구보다 잘 알고 있다.

"위고에게 가족이란 중심이죠. 가족에게 굉장히 애정이 깊어요. 위고가 저에 대한 책임감 같은 게 없었으면 좋겠어요. 만약에 그런 책임감이 있다면 위고가 저를 두고 떠나는 게 힘들 거 같아요. 제가 처한 상황 때문에 위고가 아빠 역할까지 하려고 하지 않았으면 좋겠어요."

촬영 기간 내내 루르데스는 아들에게 나가 살라고 압박을 가했다. 최근 들어 그 강도가 부쩍 강해졌다고 한다. 엄마의 바람대로 위고는 아파트를 알아보고 있다.

얼마 전 위고는 적당한 아파트를 발견하고 엄마에게 독립의 뜻을 내비쳤다. 그런데 그녀의 반응은 뜻밖이었다.

"위고가 알아본 아파트가 있다고 말을 꺼내는데 떠난다고 생각을 하니까 가슴이 미어지더라고요. 며칠 동안 저를 쥐어짰어요. 그러다 아파트를 구하는 게 무산됐는데 그 말을 듣고 안심이 되더라고요. 실제로 닥치면 정말 많이 아플 거예요. 하지만 제가 겪어야 할 일이죠. 서로 아플 것 같아요. 저는 위고가 떠나는 걸 보면서 아프고, 위고는 저를 두고 가서 아프고."

그토록 나가 살라고 등을 떠민 아들이 막상 집을 떠날 채비를 하자 가슴이 미어지는 고통을 느꼈다는 루르데스. 엄마의 속마음은 그랬던 걸까? 자식을 떠나보내는 아픔을 가슴에 묻은 채, 아들이 독립해서 스스로의 삶을 살기를 바랐던 것일까?

곁에 두고 싶지만 떠나보내야 하는 가족, 참 알다가도 모르겠다. 그 마음을.

35세의 탕게트
카롤린과 도미니크 모녀 이야기

프랑스 파리 19구의 한 아파트.

35세의 카롤린은 박사 과정을 밟고 있는 학생이다. 마지막 논문 심사만을 남겨둔 카롤린은 제작진이 그녀의 집을 방문했던 2016년 4월 당시, 막바지 논문 작업으로 매우 스트레스를 받던 상황이었다.

인문학도인 카롤린은 프랑스에서 대학을 마치고 영국과 OECD의 인턴 과정을 거친 뒤 미국 하버드 대학교에 진학해 전액 장학금과 생활비를 지원받으며 공부했다. 박사 과정 중 하나인 파리에 관한 연구 프로젝트에 지원한 카롤린은 3년 전 프랑스로 돌아와 이제 논문 통과만을 앞둔 상태다.

카롤린은 흔히 말하는 엄친딸이다. 공부 잘하고 학벌 좋은. 그러나 현실은 35세가 되도록 엄마의 집에 얹혀사는 '탕게트(Tangutte)'였다.

탕게트는 프랑스의 캥거루족을 통칭하는 탕기(Tanguy)의 여성형이다. '탕기'는 2001년 개봉된 프랑스 영화의 제목이자 주인공 이름이다. 대학 강사인 탕기는 28세의 나이에도 부모 집에 얹혀살면서 온갖 보살핌과 경제적 도움을 누리는 아들이다. 식사, 청소, 빨래는 물론 여자 친구까지 데려와 애정행각을 벌일 정도로 아주 이기적이다. 탕기의 부모님은 어떻게 해서든 다 큰 아들을 집에서 내쫓을 궁리를 하지만 막무가내인 탕기는 모르쇠로 버티는 뻔뻔한 캐릭터로 등장한다.

이 영화는 개봉 후 프랑스의 국민영화로 등극될 정도로 큰 인기를 모

탕기(2001)
부모 집에 얹혀사는
뻔뻔한 주인공의 이름이 '탕기'

았다. 탕기 신드롬까지 나타났는데 영화 속 현실에 공감하는 사람들의 반응은 폭발적이었다. 이 영화 이후 탕기는 프랑스 캥거루족의 대명사로 자리 잡았다.

하버드 장학생 카롤린은 프랑스의 집으로 오면서 탕게트가 됐다. 장학금을 받지만 그것은 학비였고 미국에 있을 때 지원받았던 집세는 프랑스로 돌아오면서 끊겼다. 문화 강좌에 강사로 나가고 있지만 그 수입은 용돈 벌이 정도일 뿐 집세와 생활비를 댈 수 있는 수준은 아니었다. 아직은 박사 학위를 받은 게 아니어서 고정수입이 없는 카롤린이 선택할 수 있는 방법은 엄마의 집에 사는 거였다.

엄마 도미니크는 딸의 선택을 반겼다.

"카롤린이 돌아와서 굉장히 기뻤어요. 오랜 타국 생활에 늘 프랑스를 그리워했거든요. 제 명의이긴 하지만 카롤린은 자기 집으로 돌아온 거예요. 딸이 쓰던 방은 늘 있었으니까요."

고등학교를 졸업한 뒤, 일찍부터 객지 생활을 한 카롤린은 학비도 알아서 충당하면서 집에 손 한 번 벌리지 않은 딸이었다. 그렇게 믿음직하고 독립적인 딸 카롤린이 탕게트가 된 데는 또 다른 이유가 있었다.

"당시 부모님이 이혼을 하셨어요. 힘들어하시는 엄마 곁에서 정신적으로 의지가 되어드려야 했어요."

손 내밀 곳도, 또 잡아줄 곳도 없는 힘든 세상에서 가족은 어쩌면 가장 먼저 떠오르는 방패일지 모른다. 50세가 훌쩍 넘어 혼자가 된 엄마 도미니크에게 딸 카롤린은 부메랑이 되어 돌아온 캥거루가 아니라 기대어 위로받을 수 있는 안식처였던 것이다.

엄마인 도미니크는 제작진에게 "일찍부터 혼자 살던 딸이 젊은 여성의 삶을 내려놓고 집으로 들어온다는 게 오히려 힘든 결정이었을 거예요. 저야 좋았죠. 딸이 온다는데…. 집으로 돌아와 저를 케어해줘서 고마워요"라고 속내를 드러냈다.

모녀 사이는 매우 좋았다. 요리에 관심이 많은 카롤린은 식료품 가게

를 운영하느라 바쁜 엄마를 대신해 오랜 유학생활에서 배운 음식 솜씨를 뽐내며 식사를 챙겼다. 도미니크는 딸 덕분에 프랑스 가정식은 물론 한국, 일본 등 여러 나라의 요리를 맛볼 수 있었고 딸이 해준 음식이 아주 맛있다며 좋아했다. 가게 문을 닫고 집에 오면 딸이 만든 요리로 함께 저녁 식사를 하며 하루의 피로를 풀었다. 엄마에게는 가장 편하고 좋은 대화 상대가 생긴 것이다.

카롤린도 마찬가지였다. 논문을 쓴다는 것은 매우 외로운 작업이다. 책을 읽고 도서관에 가서 자료를 찾고 컴퓨터로 정리해야 하는 등 모두 혼자 해야 하는 일이다. 따로 약속을 하고 시간을 내지 않으면 말할 상대가 없는 카롤린에게 엄마와 함께 하는 저녁 식사는 매우 소중한 일상이다. 이때만은 읽던 책을 덮고, 쓰던 논문을 멈추고, 컴퓨터를 닫고 고독한 작업에서 벗어날 수 있다. 엄마가 그랬던 것처럼 카롤린도 가족을 통해 하루의 스트레스를 푸는 것이다.

물론 늘 좋기만 한 것은 아니다. 가족이 모인다고 늘 행복하기만 할까. 가족이라도 내가 아닌 사람과 함께 사는 것이기 때문에 상대방의 생활 리듬을 받아들여야 한다. 자기가 있는 공간에 항상 다른 사람이 있다는 것을 의식해야 하고 상대방의 기분 변화에 따라 일상이 바뀌기도 한다.

카롤린은 엄마의 집이어서 남자 친구를 데려올 수 없는 게 불편하다고 했다. 또 논문에 집중하다 보면 신경이 예민해져서 누구로부터도 방해받고 싶지 않을 때가 있다고도 했다. 엄마인 도미니크는 딸 카롤린이 요리를 잘하지만 설거지나 청소 등 집안 정리에 취미가 없는 게 흠이라면 흠이라고 말했다. 그래서 두 사람은 가끔 싸운다. 하지만 그건 당연한 일이라고 했다. 그런 게 가족이니까! 가족은 싸우는 게 당연하니까!

이혼 후 상심이 컸던 도미니크는 딸을 통해 치유의 힘을 얻었다.

자의 반, 타의 반 탕게트가 된 카롤린도 엄마 덕분에 논문을 쓰는 힘든 시간을 견딜 수 있었다고 한다. 항상 빚을 지는 느낌이지만 그보다 컸던 건 엄마의 응원과 지지였다고 한다. 서로에게 혈육이 할 수 있는 최고의 역할을 해준 것이다.

"가족은 서로 다르지만 서로 닮은 사람이 함께 살아가는 거예요."

카롤린은 3년간의 탕게트 생활을 끝내고 엄마 곁을 떠날 채비를 하고 있었다. 미국 하버드로 돌아가 논문 발표를 하고 박사 학위를 받으면 학교에 전임강사 자리가 생긴다. 촬영 며칠 전엔 미국에서 살 아파트도 구했다고 한다.

카롤린이 엄마와 보낼 날은 얼마 남지 않았다. 딸의 계획을 듣던 도미니크는 진심으로 기쁘고 자랑스러워했다. 딸에게는 저만의 인생이 있는데 프랑스에서 자신과 함께만 보낼 순 없다면서 딸이 원하는 곳에서, 원하는 삶을 살기 바란다고 했다.

그러나 좋으면서도 쓸쓸해하는 도미니크의 표정을 우리는 한눈에 알아봤다. 그녀는 꿈에 부풀어 종달새처럼 재잘대는 딸에게서 시선을 떼지 못했다. 아직 딸을 떠나보낼 마음의 준비가 안 된 것 같았다.

나이 든 가족을 돌본다는 것
한기호 씨 이야기

두 개의 잡지를 펴내는 발행인이자 출판사를 경영하는 한기호 씨는 업계에서 유명한 출판평론가다. 한창 나이 때는 통렬한 비판과 거침없는 글로 이름을 날리던 논객이기도 했다.

한기호 씨가 운영하는 잡지사엔 서평을 부탁하는 책이 매일 수십 권씩 배달된다. 한 달이면 무려 2000여 권. 책을 읽고, 서평을 쓰고, 회사를 경영하고, 사람을 만나고, 강연을 나가느라 24시간이 모자란 그는 잠잘 시간도 없이 바쁜 하루를 사는 사람이다.

한기호 씨는 어머니와 둘이 산다. 그의 어머니는 아주 심하진 않지만 도움 없이는 생활이 힘들 정도의 치매를 앓고 있다. 환갑을 눈앞에 둔

아들 한기호 씨는 과거였다면 자신도 부양받아야 할 나이에 더 연로한 어머니를 모시고 살고 있다.

이른바 노노개호(老老介護)의 시대, 늙은 자식이 더 늙은 부모를 돌보며 살아야 하는 고령화 사회의 최전선에 한기호 씨가 있다. 그는 어머니의 보호자다.

한기호 씨는 매일 어머니를 위해 밥상을 차린다. 먹는 낙을 상실한 어머니에게 그가 해드릴 수 있는 최상의 음식은 된장찌개와 달걀찜이다.

어머니는 이가 안 좋아서 고기를 씹지 못하고, 혀가 갈라져서 조금만 자극적이어도 통증을 느끼신다. 생선 비린내도 굉장히 싫어해서 선택의 여지가 별로 없다. 무엇을 드시고 싶은지 여쭤 봐도 어머니는 자신이 뭘 먹고 싶은지 알지 못한다. 결국 이것저것 다 제하고 보니 남은 건 된장찌개와 달걀찜 뿐이었다.

"제가 어릴 적 달걀찜은 할아버지 밥상에만 올리는 귀한 음식이었

어요. 저는 장손이어서 종종 할아버지랑 겸상을 하곤 했는데 할아버지가 남겨주지 않으면 달걀찜은 손도 댈 수 없었어요. 그렇게 저한테 달걀찜은 정말 먹고 싶고 추억이 많은 음식이었는데 지금은 거의 날마다 어머니 상에 올려야 하는 반찬이 됐어요. 이렇게 매일 물리도록 먹게 될 줄은 정말 몰랐어요."

매일 어머니가 드실 음식을 만들기 위해 장을 보러 가지만 한기호 씨는 마트에 있는 그 수많은 재료 앞에서 고민하지 않는다. 그의 시장 보기는 매우 빠르게 진행됐다. 부드럽고 소화가 잘 되는 음식, 어머니가 평생 드셨던 일상의 음식, 그리고 어머니가 기억하는 음식을 만드는 데 필요한 재료는 늘 정해져 있으니까.

한기호 씨와 어머니가 사는 집에 아내는 없다. 그는 돌싱남이다. 성인이 된 딸들은 모두 외국에 나가 살고 있다. 결국 노모를 돌보는 건 어쩔 수 없이 그의 몫이다. 하지만 직업적으로도 그는 너무 바쁘다. 한마디로 그는 어머니를 모실 여건이 되지 않았다. 하지만 한기호 씨는 시골에 계셨던 어머니에게 안부 전화를 걸 때마다 딴소리를 하고 점점 기억을 잃어간다는 사실을 눈치채고 형제들의 반대를 무릅쓰고 어머니를 서울로 모셔왔다. 그게 8년 전 일이다.

"처음 2년 동안은 집에 도우미 아주머니를 뒀었어요. 그분이 개인 사정으로 그만둔 뒤로 다른 몇 분을 고용해봤지만 다들 어머니를 버텨내지 못했어요. 그래서 제가 어쩔 수 없이 어머니를 직접 모셨죠. 아침과 점심을 함께 먹고 오후에 회사에 잠깐 나갔다가 저녁 해드릴 시간에 맞춰 부랴부랴 들어오는 생활을 몇 년간 했어요."

어디에다 힘들다고 말도 못하고 고군분투하던 그 시절을 떠올리면 아찔했던 순간이 한두 번이 아니었다고 한다. 통풍에 걸릴 정도로 몸이 망가지자 아버지를 걱정한 딸들은 할머니를 요양원에 모셔야 한다고 성화였다. 하지만 어머니 성격에 그건 불가능한 일이라고 아들은 판단했다. 평생 어머니는 자신과 살다가 내 앞에서 돌아가셔야 한다고 딸들을 설득했다.

최근에는 치매 증세도 완화되고, 낮 시간에는 노인보양사와 동생이 도와줘서 좀 수월해졌다. 하지만 그는 여전히 일과 어머니 사이에서 살얼음판을 걷듯 살고 있다.

삶의 원동력이었던 가족은 본의 아니게 고통의 원천으로 둔갑하기도 한다. 그럴 때마다 드는 생각은 '가족을 꼭 가족이 품어야 하는 걸까?', '희생이 꼭 최선의 선택일까?', '치매 어머니를 모시는 게 꼭 효도일까?'이다.

> "솔직히 말하면, 제가 여기까지 올 줄은 몰랐어요. 저는 물리적인 가족의 개념에서 벗어날 때가 되었다고 생각해요. 가족이니까 우리가 해야 된다, 내 어머니니까 해야 된다, 이런 마음이 없진 않지만 어떤 경우는 가족이 엄청난 부담이거든요. 항상 의무감 때문에 했어요. 저도 모르는 의무감. 그런데 하고 보니까 오히려 굉장히 잘한 것 같은 생각이 들어요."

바쁘기로는 둘째가라면 서러운 한기호 씨는 웬만해서는 토요일과 일요일에 약속을 잡지 않는다. 어머니 침대에 나란히 기대앉아 주말 드라마를 보느라 그렇다. 드라마를 보면서 귀찮을 정도로 어머니에게 이것저것 내용을 물어보는데 그가 이러는 데는 나름의 이유가 있다.

치매 증상이 있는 어머니는 기억력에 문제가 있다. 그래서 한기호 씨는 일부러 드라마 속 등장인물들이 무엇을 했고 어떤 사건이 벌어졌는지 궁금한 것처럼 물어보면서 어머니의 상태나 기억력을 파악한다. 어머니의 용태를 확인하려고 드라마를 보던 게 습관이 돼서 이제는 모자가 8년째 함께하는 주말 일과가 됐다.

한기호 씨의 어머니는 혼자 힘으로는 집 밖에 나가지 못한다. 보양사와 보내는 두세 시간을 제외하곤 하루 종일 집에서 아들이 오기를 기다린다. 어머니가 내색을 하진 않지만 혼자 있는다는 게 얼마나 힘든 일인지 아들은 알고 있다.

"어머니와 살면서 가장 많이 울었던 날이 있어요. 하루는 제가 사는 아파트 고층 쪽에서 이사를 하고 있었어요. 베란다 창을 통해 고가 사다리로 짐을 내리는 게 보이더라고요. 여름이라 문을 열어놨었는데 너무 시끄러워서 문을 닫으니까 어머니가 이러시더라고요. '냅둬라, 답답하다, 문 열어놔라.' 매일 똑같은 하루를 보내는 어머니한테 사다리로 짐을 내리는 장면과 소음이 반가웠던 모양이에요. 오죽했으면 문을 열어놓으라고 하실까 하는 생각에 그날 참 많이 울었습니다."

생애에 가장 큰 기쁨이자 소중한 존재였던 가족은 살면서 반드시 한

번은 짐이 되고 굴레가 된다. 그런 순간은 누구에게나 온다. 그럴 때 가족에게 모든 희생과 책임을 지울 수는 없다. 하지만 가족이 족쇄처럼 느껴지는 그런 암흑 같은 상황일수록 가족이 먼저 생각나는 건 또 어쩔 수 없다.

"어머니가 주무시다가 막 소리를 지르면서 깨실 때가 있어요. 낮잠을 주무시다가도 그러세요. 아마도 죽음의 공포 같은 걸 느끼시나 봐요. 그럴 때 저는 가만히 옆에 다가가 손이나 얼굴을 만져요. 그러면 안정을 찾으세요."

늙고 병든 가족을 끌어안고 산다는 건 어쩌면 가족에게 내려진 잔인한 형벌일지도 모른다. 그러나 손 내밀면 닿을 거리에서 손을 잡아주고, 소리를 내면 들리는 곳에서 가장 먼저 응답할 수밖에 없는 건 결국 혈육이다. 왜일까? 우리에겐 가족에게 위기가 닥치면 의지와 상관없이 작동하는, 혈육에 대해 반응하는 본능 같은 것이 따로 있는 걸까?

위태롭기 짝이 없는 가족의 미래
이상적인 가족의 모습

대다수 사람들은 생각한다. '가족은 항상 따뜻하게 나를 품어주는 존재'라고.

제작진이 전 세계에서 만난 200명에 가까운 사람들에게 "가족을 떠올리면 가장 먼저 드는 생각은 무엇인가요?"라고 똑같은 질문을 던졌을 때, 세계 시민들의 첫 반응은 예상한 대로였다.

그러나 현실을 보면 꼭 그렇지만도 않다. 그런데도 사람들이 가족을 따뜻한 존재라고 말하는 것은 '가족이 곧 그렇다'라기보다 '가족이 나에게 그런 역할을 해주면 좋겠다'의 다른 표현일지 모른다.

"Home이잖아요. 홈그라운드. 야구에서도 Home."

"가족은 언제나 '돌아오는 곳'이라고 생각해요."

"제가 태어났을 때부터 같이 쭉 살았고 봐왔고."

"배신하지 않고 가장 신뢰할 수 있는 사람이니까요."

"가족 때문에 힘들긴 한데 또 힘들 때는 가족이 있어야겠더라고요."

"힘들 때 의지가 되니까요."

"최악의 상황에서 의지할 가족이 없다면 우울증에 걸릴 거예요."

이런 현실을 접할 때 우리는 이상적인 가족이 무엇인지에 대한 고민에 빠진다.

과연 내 혈육은 나에게 이상적인 가족일까?

> 캥거루족 자라족 탕기족
> 밤보치오니 패러사이트싱글
> 키퍼스 습노족 부메랑족

 치매 어머니를 모시고 사는 한기호 씨를 세상은 자식의 도리를 다 하고 있는 효자라고 말한다. 그야말로 부모들이 원하는 꿈의 자식, 이상적인 가족인 것이다. 하지만 그런 시선은 족쇄가 된다. 당사자에게 계속 그런 가족으로 살라고 강요하는 것 같다. 가족 역시 독립적인 주체로서의 개인으로 이루어져 있다. 따라서 내가 원하는 것을 가족이라는 이유로 무언가를 요구하거나 바라는 것은 적어도 희생하고 있는 가족에게만큼은 이상적이지 않다.
 과연 어떤 게 이상적인 가족의 모습일까?
 '패러사이트 싱글'이라는 말을 최초로 사용하면서 일본 사회에 충격을 안긴 세계적인 가족 사회학자 야마다 마사히로 교수는 색다른 분석을 내놓았다.

"이상적인 가족의 모습은 예나 지금이나 달라지지 않았습니다. 사람들이 생각하는 가족의 이상향에는 여전히 일하는 아빠와 가정주부 엄마, 그리고 두 아이가 있습니다. 그런데 지금 사회를 보면 경제적인 이유로 그런 가족을 꾸릴 수 없는 사람들이 늘고 있습니다. 이상적인 가족을 가질 수 없다는 것을 알기에 기존의 가족이 아닌 가족이 생겨나는 겁니다."

과거에는 결혼을 하고 아이를 낳아 자신의 가족을 꾸리는 게 일반적인 일이었다. 하지만 언제부턴가 그 일반적인 일들이 매우 이상적인 현실이 되고 있다. 전 세계적으로 결혼을 포기하고 부모에게 기생하는 독신자나 반려동물에 정을 붙이며 살아가는 나 홀로족이 늘고 있다. 좋아서 그렇게 사는 사람도 많지만, 대다수는 경제적인 이유로 포기하는 경우다. 블러드 패밀리에게 세상은 점점 살기 힘들어지고 있다. 이러다 보니 가족은 빠르게 변하고 있다. 가족의 변화는 어쩌면 블러드 패밀리가 처한 위기와 현실에서 시작된 것일지 모른다.

노노개호나 캥거루족의 증가에서 보듯 가족이 족쇄가 되는 현실은 '가족 내에서 어떻게든 해결될 것'이라고 방임했던 사회의 책임도 크다. 그게 당연하다고 받아들인 우리에게도 문제는 있다.

가족의 문제를 가족이 떠맡는 것이 점점 힘들어지고 있다. 1인 가구와 고령화가 지금의 추세로 번진다면 세계 인구의 절반은 가족 없이

늦게 될 것이다. 그렇게 되면 가족이 해결사 노릇을 하는 지금의 방식은 아무런 해결책이 되지 못할 것이다.

《가족이라는 이름의 병》이라는 책으로 일본 사회에 큰 파장을 일으켰던 시모주 아키코는 제작진과의 인터뷰에서 다음과 같이 말했다.

"일본과 한국 모두 가족을 위해서 가족을 강조하고 가족을 중시해 왔죠. 하지만 앞으로의 시대에는 가치관이 싫든 좋든 변화해야 합니다. 왜냐하면 현실이 앞서고 있으니까요. 가족 간에도 상상할 수 없는 사건들이 벌어지고, 희생하면서 받는 스트레스가 무수히 소용돌이치고 있습니다. 가족 간에 정과 사랑이 없어졌다고 슬퍼하는 사람이 많습니다만 현실을 직시해야 합니다. 가족을 위해서 희생한다는 것은 가족에게도 결코 좋은 일이 아니라는 것을 받아들여야 합니다."

우리는 지금껏 가족의 가장 기본적인 역할은 구성원들을 돌보는 것이라고 배우고 또 그걸 믿으며 살아왔다. 그래서 가족이 가족을 위해서 희생을 하고 고생하는 건 당연하다고 생각했다. 그게 가족이니까, 가족이라면 으레 그래야 하니까. 그리고 솔직히 이 힘든 세상에서 가족만큼 도움을 요청할 가장 만만한 상대가 또 어디 있단 말인가?

이제 가족에게 '나의 판타스틱 패밀리가 되어주길 바라는 것'은 너무 큰 욕심이 되어버린 걸까? 가족 간에 너무 아픈 사랑과 희생은 그만둬야 하는 건가? 그렇다면, 이 지경이라면, 우리의 혈육은 무슨 이유로 존재한다는 말인가?

문제적 가족
미야자키 가족 이야기

일본 사이타마 현. 가족이 가족의 해결사 노릇을 하는 블러드 패밀리의 모습을 들여다보기 위해 제작진이 찾아낸 미야자키 가족은 보기 드문 대가족이었다. 3대도 아닌 무려 4대 가족! 가족의 구성은 다음과 같다.

1대 증조부 미야자키 후미오 88세 / 증조모 미야자키 도모요 80세
2대 조부 미야자키 노리오 57세 / 조모 미야자키 에코 57세
3대 손자 미야자키 다이스케 31세 / 손녀 미야자키 료코 30세
4대 증손자 미야자키 이쓰키 9세

이해하기 쉽게 관계를 풀어서 설명하면, 후미오와 도모요 부부의 아들 노리오는 에코와 결혼해 다이스케와 료코 남매를 두었고 증손자인 이쓰키는 료코의 아들이다. 원래는 3대가 살았는데 결혼한 료코가 이혼을 하고 아들 이쓰키를 데리고 친정으로 되돌아오면서 뜻하지 않게 4대 가족이 됐다.

미야자키 가족은 제작진이 찾던 그런 가족이었다. 가족의 면면을 들여다보면 일본은 물론 현재 한국 사회가 안고 있는 가족 관련 문제가 총망라돼 있다.

우선 4대가 함께 살게 된 속사정부터 살펴보자. 요즘 같은 세상에 4대가 자발적으로 모여 한데 살 수 있다니 모두가 부러워할 이상적인 가

족이 아닌가 싶은데 가만히 들여다보면 마냥 행복한 상황은 아니다.

1대 미야자키 부부는 외동아들 노리오가 결혼을 하게 되자 부부만 남게 될 처지에 놓였었다. 하지만 며느리인 에코가 같이 살자고 먼저 제안을 해줘서 안심했다고 한다. "우리는 자식이 노리오 하나뿐이어서 아들이 결혼해서 나가 살면 정말 외로울 것 같았어요 그런데 며느리가 같이 살자고 먼저 말해줘서 정말 좋았어요."

결혼할 당시 20대 초중반이었던 며느리 에코는 무슨 마음으로 시부모에게 함께 살자고 했을까? 에코는 "결혼 전부터 친하게 지냈는데 어머님은 잔소리도 잘 안 하시고 불평도 없으세요. 그리고 이렇게 집도 마련되어 있었고요."라고 답했다.

아주 현실적인 이유가 있었던 것이다. 아들 부부는 집 장만이라는 경제적 부담 없이 시부모 집으로 들어가 신혼살림을 차렸고 그곳에서 남매를 낳고 길렀다. 지금 4대 가족이 살고 있는 집이 바로 그 집이다. 미야자키 가족이 살고 있는 집은 일곱 명의 식구가 각자의 방을 가질 수 있을 정도로 넉넉한 규모의 단독주택이다.

노리오와 에코의 아들 다이스케는 패러사이트 싱글이다. 패러사이트 싱글은 부모에게 기생해서 사는 자식을 지칭하는 일본판 캥거루를 말한다. 확실한 직업도 없이 아르바이트를 하며 따로 나가 살던 다이스케는 결국 조부모와 부모가 함께 사는 집으로 돌아왔다. 현재 백수인 그는 창틀 제작 사업을 하는 아버지 밑에서 일을 배우며 경제적으로 의존하고 있다.

딸 료코도 사연이 있다. 이혼을 한 뒤 아들 이쓰키를 데리고 결혼 전 살던 집으로 다시 돌아왔는데 그 이유도 매우 현실적이다.

"제가 일을 나가면 아이가 혼자 남게 되니까요. 들어오니까 편해요. 뭐든 다 부탁할 수 있잖아요."

그러니까 이 4대 가족의 면면을 살펴보면 고령화, 주택난, 캥거루, 청년 실업, 싱글맘, 육아 문제 등등 우리의 피붙이들이 겪는 전 세계적인 문제를 모두 끌어안고 사는 시한폭탄 같은 가족이었던 셈이다.

가족이 처한 문제를 가족 안에서 해결하려고 결성된 위기의 가족이라고나 할까?

그런데 집 안 곳곳에 카메라를 설치해놓고 관찰해본 미야자키 가족의 일상은 그다지 위태롭게 보이지 않았다. 오히려 아주 자연스럽고 자유로운 분위기였다. 집안의 가장 어른인 할아버지가 저녁을 먹는다고 자식들이 따로 수발을 들거나 하지 않았고 함께 있어도 같이 먹지 않았다. 다 같이 밥 먹는 장면을 찍고 싶어 하는 한국의 제작진을 오히려 이상하게 생각했다.

설거지하는 증조모 옆에서 아들과 손자, 손녀가 돌아가면서 담배를 피워도 누구 하나 나무라는 사람이 없었다. 담배에 관대한 일본의 문화적 특성도 있었겠지만 가족 간의 서열이나 규율 같은 걸 찾아내기 어려웠다.

4대가 함께 살기 위한 규칙이 있냐고 묻자, 후미오 할아버지는 집안에 특별한 규칙 같은 것도 없고 딱히 마찰도 없다고 했다. 어떻게 그럴 수 있지? 후미오 할아버지가 들려주는 이야기는 좀 놀라웠다.

"나이가 들면 노인들은 성질이 급해지고 잔소리가 많아지는데 그러면 잘 지낼 수 없어요. 결국 노인이 고집을 부리지 않아야 합니다. 툭하면 내뱉는 '요즘 젊은 것들은'이라는 말도 해선 안 됩니다. 젊은 사람들이 어떻게든 살려고 아등바등하는데 잘 움직이지도 못하는 어른들이 손 놓고 앉아서 비판만 해대니 안 되는 겁니다. 빨래를 널어놨는데 비가 와서 다 맞고 있으면 얼른 달려 나가서 걷으면 됩니다. 며느리나 가족을 탓할 게 아니라요."

미야자키 가족은 저마다의 문제를 안고 목적한 바가 있어 한데 뭉쳤다. 충분히 스트레스를 받을 만한 상황이고 누군가는 희생을 해야 한다. 그렇지 않으면 4대 가족이 큰 트러블 없이 살기 힘들다. 서로가 서로에게 짐이 된 상황에서도 별일 없이 살 수 있는 비결은 대단한 게 아니었다.

"적당히요, 대충대충. 깊이 생각하지 않는 게 좋아요. 생각을 너무

많이 하면 의외로 안 되죠. 서로가 서로에게 적당히, 각자가 자신의 역할도 적당히."

미야자키 패밀리는 가족의 문제를 가족끼리 해결하다가 대가족이 되었다. 대가족으로 사는 자신들을 거창하게 포장하지도 않았다. 그저 미우나 고우나 힘들 때 먼저 손잡아준 것이 가족이었을 뿐이다.

결혼 기피와 출산율 감소, 1인 가구 증가와 고령화로 인한 노노개호 등의 문제로 골머리를 앓고 있는 일본은 정부 차원에서 대가족을 권장하고 있다. 가족 안에서 서로 도움을 주고받으라는 것이다. 국가나 사회가 나서 가족 구성원이 안고 있는 문제를 해결하는 게 현실적으로 어렵다는 것을 정부 스스로도 인정한 셈인데, 이에 대한 우려의 목소리도 높다. 일본 주오 대학교의 가족 사회학자 야마다 마사히로 교수는 다음과 같이 말한다.

"일본 정부는 권장하고 있지만, '대가족으로 가족의 문제를 해결하려는 것'은 실현되지 않을 가능성이 높습니다. 자신이 가족의 도움을 받는다는 것은 자신도 가족을 도와야 하는 상황으로 바뀔 수 있다는 것을 알아야 해요. 돈 때문에 부모 집에서 동거하려고 들어갔다가 오히려 부모를 수발해야 하는 상황이 올 수 있습니다. 중간에 끼인 세대는 자녀 양육과 부모 봉양을 한 번에 떠맡아야 할 사태가 벌어질 수도 있습니다. 돈이 많다면 모를까 부모가 넉넉하지도 않은데 아프기라도 하면 모든 것이 엉망이 됩니다. 대가족이 해결책이 될 수는 없습니다."

부정할 수 없는 지적이다. 그러나 다른 대안을 찾기는 힘들다. 지금 현실에서 블러드 패밀리의 고통을 알고 기꺼이 짐을 함께 들어줄 존재가 가족 말고 또 누가 있는가? 힘들었을 때, 어려움에 처했을 때 가장 먼저 생각나는 이는 누구였나? 가족이 걸림돌이 될 수 있고 병이라는 걸 알면서도 우리는 가족을 찾을 수밖에 없다. 우리에게 가족만큼, 내 혈육만큼 확실한 지원체계는 솔직히 없지 않은가?

가족은 지원체계
번 패밀리 이야기

사람들은 흔히들 말한다. '힘들수록 가족이 똘똘 뭉쳐야 한다!', '이 힘든 세상에서 그래도 믿을 건 가족밖에 없다!'고.

맞는 말이다. 혈육은 가장 만만하고 확실한 지원체계다. 그러니까 집으로 돌아온 부메랑 캥거루들을 다시 품어줄 수 있는 것이고 자청해서 아픈 부모의 보호자도 될 수 있는 것이다. 현실적으로 가족보다 믿을 만한 백그라운드는 없다고 봐야 한다. 다만 가족은 지원체계이기도 하지만 종종 굴레가 되기도 하는 양면성을 지녔다. 그래서 우리는 가족의 해체를 걱정하고 전통적인 가족관을 부정하기도 한다. 혈육에 얽매이는 것을 구시대적인 발상이라며, 가족도 변해야 한다고 소리 높여 말한다.

 가족은 비판받고 있다. 그렇다면 어떻게 해야 가족이 짐이 아닌 지원 체계가 될 수 있을까?

 자유와 독립이라는 건국이념을 바탕으로 여럿이 모여 하나가 된 나라 미국. 다양한 인종의 집합체인 미국은 개인주의를 존중하는 문화를 가졌다. 그래서 스스로를 책임질 나이가 되면 독립하는 것이 당연한 권리이자 책임이다. 하지만 2008년 불어 닥친 경제 위기로 서민경제가 흔들리면서 많은 변화가 나타나고 있다. 그 가운데 하나가 독립적인 생활을 접고 한집으로 뭉치는 가족의 수가 늘고 있다는 것이다.

 2016년 7월, 〈판타스틱 패밀리〉 제작진은 미국 콜로라도에서 그런 가족을 만났다.

 미국의 전형적인 화이트칼라 중산층인 번(Byrn) 패밀리는 3대 가족이다. 번 패밀리는 콜로라도에서도 좋은 주거환경과 교육 시스템을 갖

취 부동산 가격이 높은 볼더(Boulder)에 살고 있었다. 평균 집 매매 가격이 100만 달러로 미국에서도 집값이 비싸기로 손꼽히는 곳이다.

번 패밀리의 가족은 모두 일곱 명. 조부모인 마이크와 브렌다, 아들 부부인 케빈과 리즈, 네 살과 한 살인 두 명의 손자, 그리고 시누이 킴벌리가 함께 살고 있다. 3대가 함께 사는 가족은 미국에서도 아주 드문 경우라 지역 언론의 주목을 받기도 했다.

이들이 하나로 뭉친 건 역시 가족 문제였다. 가족의 결성을 주도한 건 아들 케빈이었는데 그 과정은 단계적으로 진행됐다.

"누나인 킴벌리의 건강이 좋지 않았습니다. 킴벌리는 심근경색을 앓고 있었고 직업도 없었어요. 도움이 필요한 상황이었죠."

케빈이 누나를 집으로 데려올 수 있었던 건 아내 리즈의 동의가 있었기 때문이다.

"시누이랑 살아서 정말 좋았어요. 킴벌리는 아이와 잘 놀아주고 요리 실력도 좋아서 맛있는 음식을 많이 만들어줬죠. 1년 반을 같이 살았는데 시누이와 함께 산 건 소중한 자산이 됐어요."

한국에서 대다수 며느리는 시누이를 반기지 않는다는 제작진의 말

에 리즈는 "시누이와의 갈등은 없어요. 한국에서 그렇다는 게 흥미롭네요."라고 말하며 매우 놀라워했다.

킴벌리는 동생 내외 덕분에 건강도 회복하고 직장에도 잘 다니고 있다. 함께 산 1년 반의 기억이 좋았던 케빈과 리즈는 부모님과도 함께 살 계획을 추진한다.

계획을 세웠을 당시 케빈의 부모님은 인근의 아파트에 살고 있었다. 아들 가족과의 왕래가 잦았기 때문에 굳이 합칠 생각을 하지 않았다고 한다. 하지만 아들 케빈의 생각은 달랐다.

"부모님이 사시던 아파트의 임대료가 계속 올라가면서 거기에서 계속 지내기 힘든 상황이었어요. 따로 큰 집을 마련해 부모님을 모셔오면 부모님은 임대료 걱정을 덜고 우리도 도움을 받을 수 있겠다고 생각했죠. 모두에게 좋을 것 같아 이야기를 꺼냈어요."

아내와 상의를 마친 케빈은 부모님에게 의향을 물었다. 생각지도 못한 아들의 제안에 마이크와 브렌다는 놀랐다고 한다.

"당연히 놀랐죠. 같이 산다는 건 한 번도 생각해 본 적이 없었거든요. 또 우리 부부는 이미 아들 가족 근처에 살면서 손주들의 재롱도 볼 수 있어서 행복하다고 생각하고 있었어요."

하지만 마이크와 브렌다 부부처럼 고정 수입이 없는 은퇴한 연금 생활자에겐 자꾸 오르는 아파트 월세와 그 밖의 예측할 수 없는 지출은 부담이었다. 결국 그들은 아들 부부의 제안을 받아들였다. 가족이 모두 합의하자 케빈은 3대가 함께 살 집을 찾아 나섰다. 케빈은 "제 직업이 부동산 중개업이라서 세대 합가용 주택을 짓는 건물주나 건축업자들을 알고 있거든요. 세대 합가용 집들은 분리된 침실과 조부모가 따로 쓸 수 있는 주방을 갖췄어요. 콜로라도는 세대 합가용 주택을 짓는 비율이 빠르게 증가하는 곳이에요."라고 말했다.

2015년 11월, 번 패밀리는 마침내 한집에서 3대 가족을 결성한다. 제작진 눈에 번 패밀리의 집은 '호숫가 근처의 그림 같은 집'이었다. 한눈에 봐도 으리으리했다. 집값은 물론이고 유지비나 생활비도 만만치 않아 보였는데 케빈의 대답은 매우 명쾌했다.

> "집값은 저희 부부가 냈어요. 대출을 보태서요. 누나와 부모님은 저희에게 월세를 내고, 그걸로 대출을 갚아요. 식비나 생활비는 각자 내고 냉장고도 따로 써요. 가족이 다 같이 먹을 때는 비용을 분담하기도 하고 상황에 따라 달라요."

자꾸 오르는 아파트 월세가 부담이었던 마이크와 브랜다 부부는 "아들 부부가 굉장히 배려한 제안이에요. 우리에게 굉장히 좋은 금전 계획이죠. 덕분에 따로 살 때보다 지출이 줄었어요."라며 아들의 재정 계획에 만족한다.

제작진은 이틀 동안 집 안 곳곳에 카메라를 설치하고 그들의 일상을 보고 많은 인터뷰를 나눴는데, 가족 모두 지금 삶에 대한 만족도가 아주 높았다. 어려움에 처한 가족을 돕기 위해 하나로 뭉쳤지만 짐이 될 수 있는 요소들을 누구 하나가 떠맡는 게 아니라 '나눠 들기'로 가족을 재조직해서인지, 번 패밀리는 매우 잘 조직된 시스템처럼 돌아갔다.

고부 사이인 브렌다와 리즈는 한 주를 시작할 때 서로의 스케줄을 비교해 가며 일정을 맞춘다. 또한 리즈는 육아를 조부모에게 의지하지 않는다. 아이들은 어린이집에 맡기는 것을 기본으로 하되, 조부모에게 맡길 일이 있으면 사전에 양해를 구했다.

마이크와 브렌다는 손주들을 매우 아꼈지만 며느리와 아들의 육아 방식에 대해 이래라 저래라 코치하지 않는다. 세탁도 함께 하지 않고 구성원 각자가 자신의 빨래를 책임진다. 일주일에 한 번, 가족이 모두 함께 저녁을 먹는 날에는 누구 하나 손 놓고 노는 사람이 없었다.

대가족이 잘 지내려면 누군가 한 사람 중심 인물이 있어야 한다. 모두가 인정한 번 패밀리의 가장은 며느리 리즈다. 이유는 '리즈가 가족을 이끌며 집안 분위기를 이끌어가기 때문'이라고 했다. 그러니까 번 패밀리의 가장은 나이나 서열이 아니라 집안 분위기를 편안하게 이끌

서로 지원해주고

수 있는 사람인 것이다.

번 패밀리는 3대 가족의 구성원으로서 자신들이 지켜야 할 책임과 역할에 대해 확실한 주관을 가지고 있다.

"상대방의 생각이나 기분을 섣불리 추측하지 않는 게 중요해요. 모르면 추측하지 말고 의견을 물어야 해요. 사람들은 모두 생각하는 방식이 다르니까요."

"경계를 정하고 선을 넘지 않도록 해요. 가족을 챙기는 일이나 양육 같은 문제에 있어서요. 어쩌다 경계를 넘었다고 생각하면 상대에게 물러나주면 좋겠다고 말해요."

 가족이라는 이름으로 서로의 경계를 침범하는 것이 결코 사랑이나 관심이 아니라는 것. 사람들은 일반적으로 가족에게는 좀 편하게 대해도 된다고 생각하지만, 그 생각이 당연한 것은 아니다. 가족은 무시할 수 없는 소중한 존재이기에 항상 더 노력해야 하는데 사람들은 가끔 그걸 잊고 산다.

 인류의 역사에서 가족은 생존을 위해서든 필요에 의해서든 서로를 지원하고 보호하는 관계였다. 번 패밀리는 가족이 '서로를 지원해주는 지원망', '사랑을 기반으로 한 지원체계'라고 했다. 어떻게 하면 도움이 될 수 있고, 어떻게 해야 가족에게 짐이 되지 않을 수 있을까 고민한다고도 했다. 왜냐하면 그것이 바로 자신들이 하나로 뭉친 이유였기에.

 서로를 지원체계라 생각하는 그들에게 물었다. "당신들이 생각하는 판타스틱 패밀리는 무엇인가요?" 그러자 번 패밀리는 서로를 가리키며 말했다.

 "판타스틱 패밀리요? 바로 이 사람들이죠!"

4
당신은 누구와 살고 싶나요?

우리가 꿈꾸는 가족의 미래

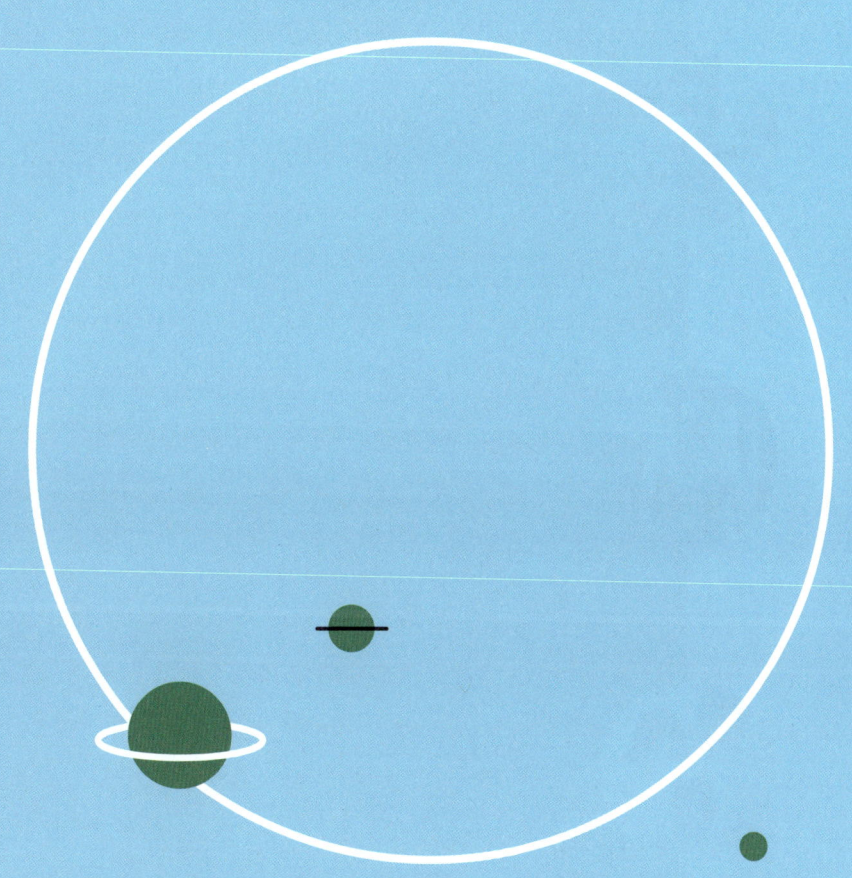

FANTASTIC FAMILY

가족이 곁에 있어도 가족이 고픈 세상,
내 편이 절실한 시대에 살고 있는 우리는 나 자신에게 묻는다.

"가족이 뭘까?"
"내가 진정 원하는 가족의 모습, 내가 가족한테 바라는 건 뭘까?"

내가 바라는 가족의 모습을 갖고 있었던 마이 SF 패밀리들과
고정관념을 깨고 '따로 또 같이'라는 새로운 관계를 받아들인 신상 패밀리,
그리고 새삼 돌아보게 된, 소중하기에 걱정되는 나의 혈육까지.

가족의 역할과 존재의 의미를 생각해보면
가족은 항상 가장 만만하고 아주 든든한 지원체계였다.
그렇다면 다시 스스로에게 물어본다.
"나는 가족에게 어떤 존재인가."

'가족은 뭘까'라는 의문에서 시작한 여정에서
가족의 존재와 의미를 일깨워준 수많은 판타스틱 패밀리들.
어쩌면 우리가 간절히 바라는 판타스틱 패밀리는 바로 내 곁에 있는 '그들'
아닐까?
행복의 파랑새처럼.

가족이라는 이름으로 살아가는 사람들
증산동 패밀리와의 만남

2015년 후반기부터 기획한 〈판타스틱 패밀리〉는 'IT 문명 이후, 이전의 그 어떤 세기보다 급격한 변화를 맞은 사회 속에서 예외 없이 변화의 바람을 직격탄으로 맞은 가족의 변화를 한번 들여다보자'는 의도에서 출발했다.

또한 가족 개념의 변화와 범위의 확대에 있어 사람들은 어디까지 받아들이고 있으며, 변화된 사람들의 생각 밑바탕엔 어떤 마음이 있는지, 그리고 이러한 상황에서 우리에게 가족은 어떤 존재인지를 솔직하게 이야기해보는 시간을 가져보자는 의미에서 기획했다.

제작 과정에서 수많은 사람과 별별 가족을 다 만났다. 사람들은 로봇

가족이나 신상 패밀리의 출현에 놀라워하기는 했지만 가족의 존재와 의미가 변하고 구성원이 다양해지며 핏줄에만 집착하는 시대는 지나가게 될 것이라는 생각에 대체로 공감을 표명했다.

그러나 자신의 가족에 대한 부분으로 들어가면 몹시 난감해했다. 가족을 둘러싼 세상의 변화가 '내 가족'한테도 '적용된다는 것'은 다른 문제로 받아들이고 있었던 것이다. 사람들의 인식대로 현실에서 가족은 여전히 예전에 그래왔던 모습 그대로 존재한다. 가족은 '희생을 감수해서라도 지켜야 할 소중한 존재들이자 내 삶의 원동력'이라고 사람들은 말하고 있었다.

'물고 뜯고 피나게 싸우고 실망하고, 그러다 화해하고 사랑하고 또 싸우고'. 이런 일상을 도돌이표처럼 반복해도 괜찮은 가족은 대체 사람들에게 어떤 존재로 자리 잡고 있는 걸까?

이 의문에 대한 답을 찾기 위해 제작진은 한 가족의 모습을 들여다보기로 했다. 한국에서 가족이라는 이름으로 살아가는 평범한 사람들의 삶을 통해 가족의 기쁨과 고민, 갈등은 무엇이고 '가족에 대한 가족의 진짜 바람'은 무엇인지 알아봐야 했다.

본격적인 제작에 착수한 지 4개월여 만에 찾아낸 주인공은 손상희, 쯔카구치 토모 부부의 가족이었다. 한국인 아내와 일본인 남편이라서 언뜻 보면 평범하지 않을 것 같지만 국적만 다를 뿐, 부부는 세 남매를 낳아 기르며 일과 육아, 돈 문제 등 비슷한 고민을 안고 살아가는 우리

> 이 가족은 대한민국을 대표하거나
> 판타스틱 패밀리의 표본은 **결코** 아님을 밝힙니다.
>
> 우리 가족과 뭐가 다르고 또 뭐가 같은지 비교해 보시길
>
> **절대 강요 아님**

주변의 여느 가족과 다르지 않았다.

 부부는 둘 다 일을 하고 있었기 때문에 늘 육아와 다른 여러 문제로 마찰을 겪고 있었고, 초등학교와 유치원에 다니는 아이들은 나름대로 또래가 겪는 문제를 안고 있었다. 일본에 있는 시부모와도 매우 밀접한 관계를 맺고 있어서 발생하는 문제도 꽤 있었다.

 부부와 사전 미팅을 하고 집을 찾아가 아이들을 직접 만나 본 결과, 제작진은 이들이 적임자임을 확신하고 구체적인 촬영 조율에 들어갔다.

 이 가족에 대한 제작진의 희망사항은 하나, '완전한 리얼'이었다. 제작진의 개입을 철저히 배제하고 오로지 관찰과 인터뷰를 통해서만 가족의 일상을 보여줘야 한다고 생각했고, 그러기 위해서는 손상희, 쯔카

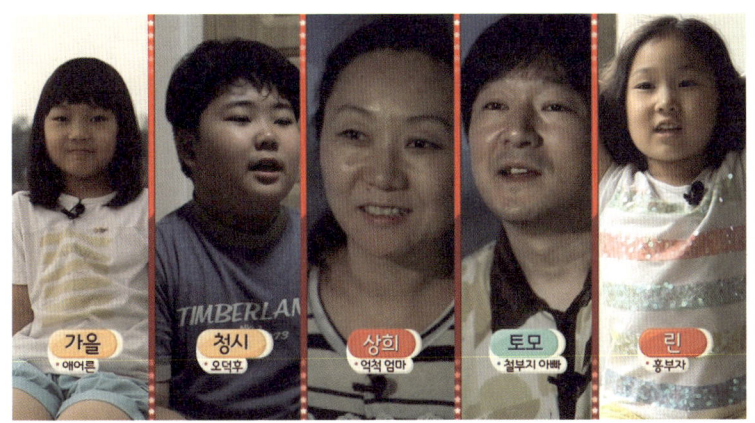

 구치 부부와 아이들 그리고 부부의 부모님의 허락과 동의가 필요했다. 일상을 낱낱이 보여주기 위해서는 집 안 곳곳에 수많은 카메라를 설치하고 제작진이 상주해야 했기 때문이다.

 촬영과 제작에 필요한 가이드라인과 출연 계약서 작성 및 여러 협의 끝에 2016년 6월 첫째 주, 첫 촬영이 시작됐다. 제작진이 손상희, 쯔카구치 토모 가족을 관찰한 기간은 총 6주+a. 이 가족을 만난 건 정말 행운이었다!

 손상희(44세) 씨와 쯔카구치 토모(43세) 씨는 대학원 동기로 만나 부부가 됐다. 한국에서 대학 졸업 후 한 케이블 방송사에서 작가로 일하던 상희 씨는 하던 프로그램이 없어지자 머리도 식힐 겸 엄마가 살고

있던 일본으로 떠난다. 그곳에서 아르바이트를 하며 어학 수업을 듣던 상희 씨는 대학 때 전공을 살려 연극 공부를 해보자는 결심을 하고 대학원에 진학한다.

대학원에서 만난 친구가 토모 씨였다. 연출 전공생으로 동기 그 이상도 이하도 아니었던 두 사람은 졸업할 무렵 생각지도 않게 연인이 된다. 상희 씨와 토모 씨가 사귀는 데 결정적인 역할을 한 대학원 동창은 제작진과의 인터뷰에서 둘을 사귀라고 부추긴 이유가 너무 잘 싸웠기 때문이라고 말했다.

"졸업 공연에서 두 사람이 공동 연출을 맡았는데 정말 치열하게 싸우더라고요. 그런데 그 치열함이 애정으로 변하는 순간을 보고 둘이 한번 사귀어 보면 어떻겠느냐고 했죠. 그런데 결혼까지 갈 줄은 몰랐습니다."

결혼을 하게 될 줄은 상희 씨와 토모 씨 자신들도 몰랐다고 한다. 둘 다 연극에 빠져 있었고 일 욕심도 많아서 가정을 꾸리기는 힘들 것이라고 생각했다. 그리고 두 사람 모두, 주변에서 보면 한마디로 '센 캐릭터'여서 스스로도 결혼은 힘들 것이라고 생각했단다. 그냥 독신으로 살 줄 알았다는 것이다.

결혼할 줄 몰랐다던 부부는 지금 아이가 셋이다. 아들 하나에 딸 둘.

열두 살 청시, 아홉 살 가을, 일곱 살 린. 이렇게 다섯 식구는 서울 증산동의 다세대 빌라에서 13년째 살고 있다.

상희 씨와 토모 씨는 대학원 졸업 후 바람대로 연극 연출가가 됐다.

정통 연극에서 판소리 공연 등 다양한 무대의 연출가로 활동하는 상희 씨는 촬영 당시, 아이들과 부모가 함께 하는 그림자 연극의 연출을 맡아 정신없이 바쁜 상태였다. 일본을 떠나 상희 씨를 따라 한국에 정착한 토모 씨도 일본인으로서는 드물게 대학로 연극무대에서 연출가로 활동하고 있다.

아이를 셋이나 키우면서 가능할까 싶은데 두 사람은 극본과 각색은 물론 심지어 번역까지 직접 하는 욕심 많은 연출가의 삶을 유지해오고 있다. 부부이자 같은 길을 걷는 라이벌 관계로 커리어를 쌓고 있다.

토모 씨는 연출가라는 직업이 경제적으로 안정적이지도 않고 공연이 없을 때는 한없이 늘어지는 특성이 있어서 아내인 상희 씨와 연출 일정이 겹치더라도 차라리 쉬지 않고 치열하게 사는 편이 낫다고 생각한다.

"한가하고 일이 없을 때, 일을 못 할 때가 제일 스트레스가 쌓여요. 일이 겹치는 한이 있더라도 차라리 바쁜 게 나아요."

한 사람이 작업에 들어가면 다른 한 사람은 아이들을 돌보는 게 금상첨화지만 연출 일이 어디 바람대로 되던가. 일이 정기적이지 않아서 부부의 스케줄이 종종 꼬일 때가 있다. 그래도 둘 다 일을 포기할 생각은 없다. 아이들에게는 미안하지만.

"같이 작업에 들어가면 우리 아이들은 처참해져요. 문화예술인들을 위한 돌봄 센터가 있어서 아이들을 맡기는데, 밤 11시까지 맡길 때면 마음이 아프죠. 그나마 우리 아이들은 좀 적응력이 있는 편이라서 그럭저럭 넘어가고 있어요."

청시나 가을이, 린이는 모두 엄마, 아빠가 하는 일을 자랑스러워한다. 아주 어릴 때부터 적응이 돼서 부모의 상황을 이해하고 돌봄 센터에 가는 것도 당연하게 받아들인다.

토모 씨의 부모님과 상희 씨의 어머니는 모두 일본에 계신다. 상희 씨의 아버지는 오래전에 돌아가셨다. 돌봄 센터가 아니면 아이를 맡길 곳이 없다는 뜻이다. 그렇기 때문에 부부의 연출 일정이 겹치지 않도록 잘 조율해야 한다. 그런데 아뿔싸! 촬영 기간 중 부부의 공연 일정이 겹쳐 버렸다.

아이 셋을 둔 부부의 삶
아이들의 속마음

토모 씨는 상희 씨와 결혼한 후 한국 연극계에 뿌리를 내렸다. 그는 한예종(한국예술종합학교) 동기를 주축으로 결성한 극단 '토모즈팩토리'를 이끌며 대학로에서 연출가로 활동하고 있다. 촬영 당시 토모 씨는 6월 마지막 주로 확정된 공연 준비 때문에 예민한 상태였다. 2014년 초연 때 큰 호평을 받은 토모 연출의 연극을 주변의 요청으로 다시 올리게 된 터라, 더 잘해야 한다는 부담을 갖고 있었다. 이번 무대를 위해 원작을 재해석한 극본을 다시 각색한 토모는 거의 새로운 연극을 올린다는 마음으로 작업에 임하고 있었다.

상희 씨도 경기도의 한 지자체가 진행하는 그림자 연극의 연출가로

선임된 상태였다. 전문 배우가 아닌 일반 학생들과 부모들이 참여하는 연극이라 하나하나 다 가르쳐야 했다. 음악과 동작을 맞추는 연습을 시키고 무대 연출에 온갖 소품 제작까지 챙겨야 할 것이 한두 개가 아니었다. 작품 선정과 번역까지 맡은 상희 씨는 곧 몰아닥칠 폭풍 스케줄을 앞두고 떨고 있었는데 부부의 공연 날짜가 며칠 차이밖에 나지 않는 바람에 연습 일정이 딱 겹쳐 버린 것이다.

아이 셋을 둔 연출가 부부의 삶은 고달팠다. 촬영 당시 상희 씨는 토요일이면 평촌에 있는 지자체 연습실에 나가 그림자 연극에 참여하는 아이들과 학부모들을 대상으로 실전 연습을 해야 했다. 아침 일찍 일어나 아이들이 먹을 간단한 아침을 챙겨놓고 상희 씨가 나가면 청시, 가을, 린 3남매는 알아서 일어나 아침을 챙겨 먹고 TV를 보며 주말 아침

을 보낸다. 올빼미 스타일인 토모 씨는 느지막이 일어나 아이들 점심을 챙긴다. 요리는 토모 씨가 직접 한다. 토모 씨는 집안의 요리사다. 상희 씨보다 잘하고 토모 씨 본인도 요리하는 것을 좋아해서 아이들은 아빠가 만들어주는 음식을 더 좋아하고 맛있어 했다.

아이들과 함께 점심을 먹고, 연습실에 가야 할 시간이 되면 토모 씨는 가을이와 린이를 데리고 대학로 근처에 있는 돌봄 센터에 가서 아이들을 맡겼다. 열두 살 청시는 혼자 집에 남았다.

가족이 함께하는 토요일, 증산동 패밀리는 모두 뿔뿔이 흩어진다. 상희 씨는 "이런 일은 부모가 연극 일을 하는 사람이라면 당연하게 생기는 상황이고 우리 아이들도 당연한 일로 받아들여주고 있을 거예요."라고 말했다.

돌봄 센터 앞에서 아빠에게 손을 흔들며 쿨하게 작별한 린이와 가을이는 나중에 제작진과의 인터뷰에서 다음과 같이 말했다.

"언니랑 나만 놔두고 가니까 슬퍼요. 나만 놔두고 가지 마, 울음 나올 것 같아요."

"돌봄 센터에 오기 싫다고 말하면 엄마, 아빠가 자기 일에 집중할 수 없으니까 묻어놔요. 슬픔을 묻어놓고 마음의 바닷속에 풍덩풍덩 빠트리면 되잖아요."

아이들은 누구보다 엄마, 아빠의 사정을 이해하고 있었다.
이런 일도 있었다.
부부가 한창 바빴던 6월 중순의 어느 날, 그날은 아이들을 돌보느라 시간 내기가 힘들었던 상희 씨를 위해 연극 스태프들이 증산동에 와서 회의하기로 한 날이었다. 이런 일이 전에도 종종 있었다고 하는데 밤 9시가 넘은 집 안은 한마디로 난장판이었다. 상황이 하도 여기저기서 벌어져 현장에 나가 있던 PD들과 카메라 팀은 혼이 쏙 빠질 정도였다. 지금도 생생한 그날의 모습은 이러했다.

아이들 때문에 집에서 스태프 회의를 하는 상희

 상희 씨와 스태프들은 부엌 식탁에서 회의 중이었다. 가을이와 린이는 평소 이모, 삼촌이라고 부르는 엄마의 동료들이 오자 신이 나서 식탁 주변을 기웃거렸고, 그러다가 온 집 안을 헤집고 다니기 시작했다. 손님들이 있으면 혼나지 않는다는 것을 아이들은 정말 귀신같이 알고 있었다. 상희 씨는 회의를 하다 말고 아이들을 진정시키고 숙제를 했는지, 내일 학교 갈 준비물은 챙겼는지 점검하느라 그야말로 멀티태스킹이 따로 없었다. 좀 잠잠하다 싶으면 안방에서 가을이와 린이가 '자매의 전쟁'을 벌였고, 그러면 상희 씨는 스태프들에게 양해를 구하고 방으로 뛰어가 싸움을 중재했다.
 청시는 부엌을 들락날락하며 온갖 참견을 다 했다. 이런 상황에서 대화가 이뤄지는 게 신기했다. 그러다가 밤 10시가 되자 미친 듯이 알람이 울리기 시작했다. 아이들이 자야 할 시간을 알리는 경고음이었는데 이 경고음에는 또 다른 '경고'가 담겨 있다.

"괴물로 변해요. 엄마가 괴물로 변해 갖고 이리 와! 자! 이러고 소리 질러요. 경고음이 울리고 30분 안에 잠들지 않으면 24시간 쌓였던 엄마의 스트레스가 그때 터져버린다고 해야 하나? 그때는 자는 척이라도 해야 돼요. 잔말 말고 눈 감자!"

괴물로 변하는 상희 씨도 할 말은 있다.

"어떻게든 화를 참으려고 애를 쓰고, 아이들한테도 소리 지르지 않고 말로 교양 있게 설명을 하려고 노력은 하는데 몸이 피곤해지면 제대로 못하게 돼요. 몸이 피곤하면 실수를 하기 때문에 아이들한테 엄마가 괴물이 되기 전에 너희 방으로 사라져야 한다고 얘기하는 거죠."

그날 아이들은 상희 씨가 괴물로 변하기 직전 잠자리에 들었다. 가까스로 다시 스태프 회의가 진행됐지만 그날 상희 씨와 스태프들은 회의를 마무리짓지 못했다. 결정할 일은 산더미인데 시간은 자정을 넘어섰고, 잠시 후 물 먹은 솜처럼 지친 토모 씨가 귀가했기 때문이었다.

이런 일이 그날만 있었던 것은 아니라고 한다. 상희 씨는 이렇게 일을 하면서 아이들을 키웠다.

"아이들이 더 어렸을 때는 다 재우고 난 다음에 미팅을 해야 돼서, 스태프들이 밤 11시가 넘어서 집으로 왔어요. 그러면 밤을 꼴딱 새워서 회의를 해요. 회의가 끝나면 새벽 대여섯 시가 되는데 회의가 끝나도 저는 자면 안 되는 거예요. 아침에 아이들을 유치원에 보내야 하는데, 그때 잠깐이라도 잠을 자면 못 일어나니까요. 자고 있던 남편이 일어나 저 대신 보내주면 좋은데, 일본 남자나 한국 남자나 똑같아요. 그 상황에서도 유치원을 보내야 하는 책임은 엄마한테 있는 거예요. 저희도 그랬죠."

하지만 상희 씨가 작업에 들어갔을 때 토모 씨가 일을 하고 있지 않으면 토모 씨가 집안일을 도맡는다고 한다.

"지금은 그렇게 열심히 안 하고 있는데, 일이 없을 때 저는 거의 가정주부 엄마 수준으로 아이들을 돌봐요."

상희 씨도 남편의 말에 동의했다. 하지만 일이 겹치면 사정은 달라진다. 토모 씨는 오직 일에만 집중한다는 것이다.

"이 나라에서 아내와 남편이 같은 일을 하게 되었을 때, 절대적으로 피해를 보는 쪽은 여자예요. 절대로 남자가 먼저 포기해주는 경우는 없어요. 지금 남편과 분담이 불공평하게 되어 있어서 저한테 책임이 과중하게 와 있어요. 저는 그게 너무 불공평하다고 생각하는데 잘 해소가 안 되고 있어요."

그런데 촬영 기간 중, 부부의 작업 일정이 겹치면서 또다시 분쟁의 조짐이 보이기 시작한 것이다. 집 안 곳곳에 설치된 카메라를 통해 본 부부는 서로를 매우 예민하게 대했고 때론 으르렁거리며 싸웠다. 토모 씨는 정말 화를 잘 냈다.

며칠 뒤, 상희 씨는 일본으로 전화를 걸었다. 시부모님에게 SOS를 요청하기 위해서.

일본 오사카의 시부모
쯔카구치 부부 이야기

　토모 씨의 고향은 일본 오사카 부 기시와다이다. 토모 씨의 부모님인 쯔카구치 부부는 아직 그곳에 살고 있었는데 제작진이 촬영차 쯔카구치 부부의 집을 찾았을 때 집이 너무 좋아서 깜짝 놀랐다. 그 동네에서 가장 좋은 집이었는데 야트막한 담과 넓은 정원까지 있는 2층 집으로 일본식 주택이 아니라 완전히 서양식으로 지어진 집이었다. 관리를 아주 잘한 오래된 부잣집 분위기가 폴폴 풍기는 게 집주인의 취향과 품격이 느껴질 정도였다. 그 집은 토모 씨의 아버지인 쯔카구치 이사오 씨가 직접 지었다.

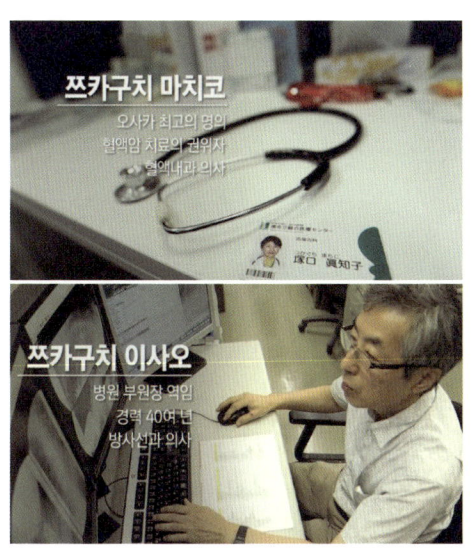

"40년 됐어요. 직접 설계하고 재료 하나부터 다 제 손으로 준비했어요. 그때 돈으로 4500엔 정도 들었어요."

요즘 시세로 환산하면 집 짓는 데 5억이 넘게 들어갔다는 건데 40년 전 엔화와 원화의 차이가 지금 같지 않다 해도 그 시절에 억대의 돈이면 매우 비싼 집이다.

토모 씨는 동네에서 제일 비싸고 좋은 집에서 아주 유복한 어린 시절을 보냈다. 토모 씨는 어린 시절 아버지가 취미로 지은 예쁘고 고급스러운 서양식 집에서 살았다고 한다. 토모 씨의 부모님은 집에서 클래식

음악을 듣고 주말에는 음악회나 오페라를 보러 가셨다고 했다.

제작진이 방문했을 때도 쯔카구치 부부는 클래식 음악을 들으며 정원이 내다보이는 식탁에 앉아 브런치를 즐겼다. 집 안에는 수천 장의 엘피판과 빈티지 오디오 시스템, 그리고 로고만 봐도 알 만한 브랜드의 신발들이 상자째 쌓여 있었다.

토모 씨의 부모님은 모두 의사다. 아버지인 이사오 씨는 병원 부원장까지 지낸 경력 40년의 방사선과 의사로 정년퇴임을 한 뒤에도 일주일에 며칠은 병원에 나가 근무한다.

토모 씨의 어머니 마치코 씨는 더 저명하다. 혈액암 치료의 권위자로 오사카 최고의 명의 가운데 한 명인데 나이가 들어 은퇴했지만 병원과 환자들의 요청으로 오사카의 한 대형 병원에서 여전히 진료를 보고 있었다.

그런 의사 부부의 외동아들이 바로 토모 씨였던 것이다. 토모 씨의 할아버지도 의사였다고 한다. 손자가 대를 이어 의사가 되기를 바랐지만 토모 씨의 관심은 다른 쪽에 있었다. 마치코 씨는 아들이 의사가 될 것이라고 기대하지 않았다고 한다.

"아이 때부터 개성이 정말 강했어요. 예술이나 문학, 미술 같은 것을 좋아하고 초등학교 때부터 계속 책을 읽고 그래서 뭔가 예술 쪽 진로를 선택할 거라고 생각했는데 대학에 들어가더니 연극을 하더

라고요. 우리 부부는 예술을 아주 좋아해서 토모를 유럽에 데려가 현지 연극을 보여주곤 했지요."

쓰카구치 부부는 매년 여름이면 오스트리아 잘츠부르크에 머물면서 한 달간 열리는 음악제나 오페라를 관람한다. 이러한 페스티벌 여행은 부부가 20년 넘게 해오고 있는 취미생활이다.

오사카 촬영 당시, 부부는 파티에서나 입을 법한 휘황찬란한 드레스들과 턱시도들을 거실 바닥에 펼쳐놓고 페스티벌에 가서 입을 옷들을 고르고 있었다. 모두 수백만 원을 호가하는 컬렉션 제품이었다. 영화에서나 볼 법한 파티 의상이어서 현실에서 이런 옷을 입는 사람을 눈앞에서 보는 게 신기할 정도였다.

"유럽 사람들 사이에 일본인이 섞여 있으면 아무래도 외형적으로 위화감이 생겨요. 그래서 정말 최고로 멋지게 차려입어야 해요. 드레스코드를 맞춰서 제대로 갖춰 입지 않으면 정말 초라하게 느껴지거든요. 그리고 잘 어울리게 입으면 그쪽 사람들이 '베리 나이스', '뷰티풀'이라고 하면서 쳐다봐 줘요."

쯔카구치 부부는 일흔을 앞둔 나이라고 믿어지지 않을 만큼 몸 관리를 하면서 남들이 부러워할 만한 노년의 삶을 살고 있었다. 한국의 오래된 동네 낡은 다세대 빌라에서 연극 연출가로 살아가는 아들의 모습과는 솔직히 잘 연결이 되지 않았다.

쯔카구치 부부는 아들이 선택한 삶에 이의를 제기하지 않았다. 오히려 지지하고 자랑스러워하는 느낌이랄까?

"첫 손자인 토모는 정말 모두의 애정을 받으며 부족함 없이 자랐어요. 제멋대로이고 화도 잘 내지만 자신이 좋은 환경에서 자랐다는 것을 알고 있어서 어려운 환경에 살고 있는 사람들의 이야기에 관심이 많았어요. 토모가 만드는 연극도 그렇고요. 가난하고 추한 것 속에서 진실과 정취를 찾아내고 그것이 아름답고 멋있다고 느끼고 또 좋아하는 것 같아요."

그러나 토모 씨은 자신의 유년 시절에 대해 제작진과 한 인터뷰에서 부모님과는 좀 다른 시각을 내비쳤다.

"제가 살던 동네는 가난한 사람들이 많고 뭐랄까요, 좀 거친 곳이었어요. 하지만 그런 동네에다 제일 좋은 집을 지어놓고 서양식 문화를 즐기는 부자 부모님을 둔 저는 좀 혼란스러웠어요. 동네 환경이랑 집안 분위기가 안 맞아서 충돌이 많았어요. 초등학교 때 친구들은 다 가난하고 집에 놀러 가보면 전구 하나만 있는 방에서 가족이 다 같이 자는데 저는 그게 오히려 부러웠어요. 친구들과 친구들 부모님의 관계는 아주 밀접해 보였거든요. 저랑 저의 부모님 관계와는 다르게요."

자라면서 무슨 일이 있었나? 쓰카구치 부부는 서로 취미와 가치관이 맞아서 결혼했고, 그래서 지금까지 잘 살 수 있었다고 말했다. 하지만 아들과는 그렇지 않았던 걸까? 이 가족의 관계를 이해하는 데는 시간이 필요할 것 같았다.

며칠 뒤, 쓰카구치 부부는 손주들에게 줄 선물과 아들 부부에게 갖다 줄 물건들로 가득 채운 트렁크를 들고 증산동에 나타났다. 시부모에게 SOS를 친 상희 씨의 요청에 대한 화답이었다. 부랴부랴 병원 근무 스케줄까지 조정하고 한국으로 날아온 쓰카구치 부부의 임무는 육아 지원군, 체류 기간은 11일!

그런데 쯔카구치 부부가 머물 공간이 있나? 증산동 빌라에는 방이 3개였다. 아들 부부와 두 딸이 함께 자는 안방, 아들 청시의 방, 그리고 서재로 쓰는 방. 말이 서재이지 컴퓨터와 책 등 온갖 짐들이 꽉 들어찬 창고 같은 방이다. 마루가 넓긴 하지만 짐도 많고 밤에는 아들 부부가, 오후에는 손주들과 제작진까지 왔다 갔다 하니 잠을 자기는 사실상 힘들다.

조용하고 정리가 잘 된 운동장만 한 집에서 럭셔리 라이프를 즐기던 쯔카구치 부부가 과연 아들의 집에서 잘 지낼 수 있을까?

제작진은 일곱 명의 가족이 한집에서 복닥거릴 것을 생각하니 걱정이 되면서도 한편으로는 기대가 됐는데! 아, 증산동 패밀리와 쯔카구치 부부는 정말이지 카메라를 의식하지 않는 너무나 솔직하고 거침없는 가족이었다.

쯔카구치 부부에서부터 집안의 막내, 일곱 살 린이까지 정말 솔직하게, 아니 제작진이 당황해할 만큼 자신의 생각과 감정을 여과 없이 드러냈다.

싸우기도 정말 잘 싸웠다. 한번은 이런 일도 있었다. 어른용 칫솔을 쓰겠다고 고집을 부리는 린이와 안 된다는 마치코 씨가 서로 싸우게 됐다. 할머니로서 그냥 넘어갈 법도 한데 마치코 씨는 어린이가 어른 칫솔을 쓰면 안 된다며 팽팽하게 맞섰다. 일본말이 서툴러서 잘 알아듣

손상희 / 44세, 극연 연출가
우리는 농담같이 이혼이라는 말을 되게 자주해요

지 못하는 린이한테 칫솔의 성분까지 언급하며 입씨름을 벌였고, 가을이를 내세워 통역까지 하게 했다. 린이도 결코 굽히지 않았다. 고집만 보면 할머니를 아주 빼닮았다. 나중에는 이 싸움에 가을이와 청시까지 합세해 린이와 편을 먹고 할머니와 칫솔 논쟁을 벌이기도 했다. 별것도 아닌 일로 진지하게 싸우는 모습을 베란다에서 지켜보던 제작진은 터지는 웃음을 참느라 정말 힘이 들었다.

  그 피가 어디 가겠는가! 아이들과 쯔카구치 부부와 마찬가지로 상희 씨와 토모 씨도 정말 잘 싸웠다. 이혼하자는 말을 밥 먹듯 했고 부모 앞에서도 거침이 없었다. 며느리와 아들이 그러면 펄쩍 뛸 만도 한데 마치코 씨는 '두 사람의 정신 건강을 위해 의사로서 이혼을 권합니다'라고 농담을 던지기도 했다.

 정말이지 이 가족은 현장에 있는 제작진이 난감해할 만큼 서로 싸우고 감정을 적나라하게 드러내는, 색깔이 뚜렷한 가족이었다. 서로를 향해 던지는 말의 강도나 표현도 남달랐다. 그런데 신기하게도 늘 붙어 있었다. 서로의 체온이 싫을 법도 한데, 죽일 듯 싸우면서도 없으면 서로를 찾고 그리워했다. '싸우다가 정 든다'는 말이 딱 맞는 이 가족을 한마디로 표현하면 '도돌이표 가족'이었다. 싸우고 서로 그리워하기를 반복하는.

 한편으로는 안심이 됐다. 시청자들이 이 가족을 보면 '다들 저렇게 사는구나', '우리만 그렇게 사는 게 아니었구나' 하고 공감할 수 있는 모습이니까. 증산동 패밀리의 모습을 지켜보며 '내 가족의 일상을 들킨 기분'이 들었다.

행복한 가족의 조건
갈등

한국에 온 쯔카구치 부부는 결국 증산동 서재에 짐을 풀었다.

  이 서재로 말할 것 같으면 한쪽엔 책상, 다른 한쪽엔 책장이 있어서 잘 수 있는 곳은 딱 그 사이. 이부자리 하나 펴면 꽉 차는 공간이다. 두 사람이 누워 잘 수 있을까 걱정이 될 정도였다.

  "우리는 한국에 오면 늘 이 방을 써요. 한 사람당 몇십 센티미터죠. 일본으로 치자면 다다미 1장짜리 크기예요. 싱글침대에서 둘이 자는 셈이죠. 하지만 바닥에 이불을 깔고 자면 침대에서 떨어질 일도 없으니 익숙해지면 괜찮아요."

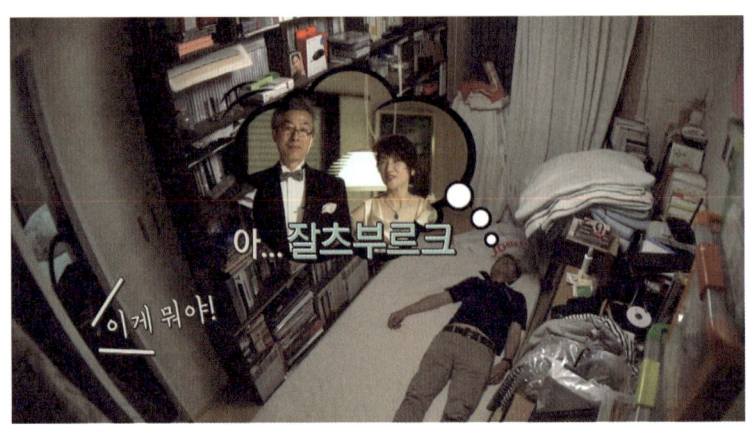

 지나치게 긍정적이다. 드레스와 턱시도를 멋지게 소화하는 체형을 가진 쯔카구치 부부가 잠을 자는 데 지장이 없기는 했다.
 도착 첫날, 쯔카구치 부부는 열렬한 환영을 받았다. 특히 상희 씨와 아이들의 반응은 열광적이었다. 며느리에게 시부모님은 아이들을 맡길 수 있는 가장 믿음직스러운 존재였고, 아이들에게 할머니, 할아버지는 엄지가 척 올라갈 정도로 잘 놀아주는 놀이 친구였다. 증산동에 도착하고 1시간이나 됐을까? 쯔카구치 부부는 트렁크 하나 가득 싸온 선물 증정식을 끝내자마자 장시간의 여정으로 쌓인 피로를 풀 새도 없이 임무 수행에 들어갔다. 일 때문에 바로 나가봐야 하는 상희 씨 대신 아이들을 넘겨받은 것이다.

 마치코 씨는 손주들과 빌라 옥상과 집을 오르내리며 숨이 턱에 차도록 숨바꼭질을 했고, 이사오 씨는 연장통을 집어 들더니 집 안 곳곳을 살피며 수리할 곳을 손봤다. 한참 동안 여기저기를 고치더니 저녁 시간이 되자 냉장고 안에 있는 재료들로 뚝딱뚝딱 한 상을 차려 내기도 했다. 한국에 머무는 내내 할머니는 놀이 담당, 할아버지는 그 외 모든 일 - 요리, 고장 수리, 설거지, 청소, 집 정리, 빨래 등을 도맡았다.

 쯔카구치 부부도 한국의 여느 할머니, 할아버지처럼 아들 부부의 지원군 역할을 해왔었다. 며느리가 요청하면 1년에 한두 번은 한국을 방문해 손주들을 돌본다.

"저랑 토모가 육아 문제 때문에 자꾸 트러블이 생기고, 아이들도 자기들 때문에 엄마가 일을 못 한다고 생각하고 그래서 시부모님이 양보를 해주셨어요. 남편하고 제가 일이 겹쳤을 때, 당신들의 생활을 접고 한국에 와서 아이들을 돌봐주세요."

촬영을 하면서 알게 된 사실이 하나 있다. 쯔카구치 부부가 단순한 육아 도우미가 아니라는 것이다. 그들은 아들인 토모 씨가 연극 연출을 할 수 있도록 경제적으로도 지원하고 있었다.

쯔카구치 부부는 가난한 예술가들이 돈 때문에 꿈을 포기하는 일이 없도록 돈 있는 사람들이 나서서 예술가를 후원해야 한다는 생각을 가지고 있었다. 그래서 아들의 무대와 가족의 생활비를 지원해왔다.

문득 '돈벌이를 못하는 아들을 돕는다기보다, 후원자의 마음으로 아들의 예술 활동을 지원한다고 생각하는 편이 어쩌면 부모 입장에서 덜 속이 상하지 않을까?' 하는 생각이 들었다. 그렇게 생각하면 가족이 짐처럼 느껴지는 게 덜 할 테니까.

쓰카구치 부부가 도착한 날은 아들 토모 씨이 연출한 연극 〈사물의 안타까움성〉의 개막일이었다. 〈사물의 안타까움성〉은 토모 씨가 이끄는 '토모즈팩토리'의 대학로 데뷔작으로 이번 무대는 2014년 초연 이후 관객과 평단의 뜨거운 호평에 힘입어 다시 올리는 재공연이다. 토모 씨는 벨기에 출신의 작가 D. 베르횔스트의 자전적 삶을 다룬 동명 소설을 각색해 무대에 올린 것이다. 〈사물의 안타까움성〉은 가족에 대한 이야기다. 술꾼 가족들 틈에서 자라 훗날 작가가 된 주인공은 유년 시절을 떠올리며 "남들 눈에는 실패한 것으로 보이는 가족의 비루한 삶 속에도 서로에게 희망이 되는 무언가가 있다"고 말한다.

토모 씨는 작품에 매력을 느낀 이유가 바로 이 메시지 때문이었다고 한다. 부잣집에서 유복하게 자란 그가 술꾼 집안의 이야기에 왜 끌린 걸까?

> "제 고향 기시와다는 거친 동네로 유명한 곳이라서 이 작품의 등장인물처럼 술 취한 사람들을 자주 볼 수 있었어요. 뿐만 아니라 빚에 쫓겨 야반도주하는 선생님, 오락실에서 게임이 잘 안 된다고 발광을 하는 야쿠자를 보는 일도 흔했어요. 어떻게 보면 비참하고 처참

해 보이는 삶이지만 그래도 가까이 다가가 보면 기묘하게 따뜻하고 인간적인 부분이 있었어요."

토모 씨에게 고향 기시와다는 매우 강렬하면서도 복잡한 감정을 불러일으키는 장소였다. 도쿄에서 대학을 다닐 때 자신이 '기시와다 출신'이라고 하면 사람들은 갑자기 표정을 바꾸며 '에? 기시와다! 대단한 데서 오셨네'라는 반응을 보였다고 한다. 그런 반응들로 인해 토모 씨에게 고향은 콤플렉스가 되기도 했는데 그러면서 한편으로는 복잡했다고 한다.

"거칠지만 그 동네 안으로 들어가면 다정하고 따뜻한 무언가, 그리고 가족애 같은 정이 있었어요. 하지만 그런 동네에서 저는 이질적인 존재였어요. 주변은 온통 가난한데, 저만 가장 비싼 서양식 집에서 클래식을 듣고 유럽 여행을 다니는 의사 부모와 살고 있는 거죠."

동네 사람들 눈에 토모네 가족은 완전히 아웃사이더였다. 그런데 성인이 되어서 살게 된 도쿄에서도 자신을 '기시와다 출신'이라고 낯설게 바라보는 시선을 대하곤 '나는 어디에도 속하지 않는 이방인인가?'라는 의문을 품었다고 한다. 자신을 바라보는 이질적인 시선에 대응하는 법을 배우지 못한 채 유년 시절을 보낸 것이다. 이런 경험들 때문에 〈사물의 안타까움성〉의 이야기에 공감하게 되었는데, 소설 속에 등장하는 술꾼 아버지와 아들의 관계에 대해서도 묘한 감정을 느꼈다고 한다.

"소설 속 주인공과 술꾼 아버지의 관계처럼 세상의 많은 아들은 아버지에게 뭔가 복잡한 애정과 부정하는 마음을 함께 갖고 있지만 그 자체가 아주 강력한 혈연관계라서 벗어날 수 없잖아요. 제가 아버지에게 갖고 있는 마음이 그래요. 지금도 제 안에 있는 분노를 풀지 못하고 가족이라는 이름으로 관계를 맺고 있어요. 그런데 저도 아버지처럼 아들 청시한테 상처를 주고 있어요."

생각지도 못한 토모 씨의 고백. 아들 가족을 위해 손에 물 마를 날 없이 궂은일과 집안일을 하고 경제적 지원까지 마다하지 않는 다정하고 묵묵한 '츤데레' 같은 이사오 씨가 아들 토모 씨에게는 상처이고 애증의 대상이라는 건가? 그리고 그것이 청시한테까지 대물림되고 있다는 건가? 쯔카구치 부자 3대의 관계를 알아채는 데는 그리 오랜 시간이 걸리지 않았다. 아들과 아버지의 관계는 쯔카구치 가족을 흔들고 있는 아주 오래되고 현재 진행 중인 문제였다.

최초의 가해자이자 피해자
혈육

쓰카구치 부부가 아들 집에 온 촬영 초창기, 카메라에 잡힌 쓰카구치 패밀리의 관계는 꽤 괜찮아 보였다. 쓰카구치 부부는 매일 공연을 마친 아들이 들어올 때까지 기다렸다가 맥주를 함께 마시며 그날 무대 분위기가 어떠했고, 객석 반응은 어떠했는지 새벽 두세 시가 될 때까지 이야기했다. 부부는 아들의 공연에 정말 관심이 많았다.

"부모님은 아이들을 봐주기 위해 오신다고 말씀을 하시는데 물론 그것도 사실이지만 저의 공연을 보러 오시는 목적이 더 커요."

실제로 쯔카구치 부부는 증산동에 머무는 동안 아들의 공연을 두 번이나 보러 갔다. 같이 있는 모습을 보면 아주 소통이 잘 되는 자유롭고 평등한 부모와 자식 간이었다. 하지만 며칠 지나지 않아서 이상한 점이 눈에 띄었다.

대화가 주로 엄마인 마치코 씨와 토모 씨 사이에서만 이뤄진다는 점이었다. 아버지인 이사오 씨는 같이 앉아 있기는 했지만 별로 말을 하지 않았고, 토모 씨와 아버지가 1대1로 이야기를 나누는 경우는 거의 없었다. 이사오 씨는 아내와 아들이 대화를 나누는 식탁에 앉아 뭔가를 고치고, 먹을 것들을 챙기거나 먹고 나온 설거지를 하고 있었다. 같이 있지만 같이 있는 것처럼 보이지 않았다. 토모 씨과 아버지 사이에서 뭔가 장벽이 느껴졌다.

"아버지는 규칙을 잘 지켜야 된다고 생각하는 강한 분이세요. 반면에 저는 약간 대충하면 된다고 생각하는 성격이에요. 사고방식 자체가 잘 안 맞는 부분이 있어요."

이사오 씨는 24세에 토모를 낳았다. 의대 졸업과 동시에 마치코 씨와 결혼하고 아주 이른 나이에 아버지가 됐다. 토모 씨의 말에 따르면 자랄 때 집안 분위기는 아이보다는 부부 중심에 맞춰져 있었다고 한다. 토모 씨는 정말로 견디기 힘든 점이 있었다고 한다.

"아버지는 아이를 어린이라고 인정하지 않아요. 작은 어른이라고 하면서 사람 대 사람으로 저를 대한다고 말하셨어요. 듣기에는 좋은 것 같지만 아이는 어른의 축소판이 아니에요. 모든 일이 처음 해 보는 건데 실수를 하고 그 실수를 통해 배워 나가잖아요, 아이들은. 그런데 그걸 인정하지 않으셨어요."

토모 씨가 기억하는 아버지는 이런 식이었다. "실수를 하면 아주 엄격하게 혼을 내요. 뭐 그것까지는 괜찮아요. 저는 그냥 아무 생각 없이 장난을 치다 실수를 한 건데도 아버지는 이유와 동기를 말하라고 몰아

붙여요. 말을 하지 못하면 몇 시간씩 앉혀놓고 제가 그 자리를 모면하기 위해 거짓말을 하면 주먹이 날아올 때도 있었어요."

아버지와의 관계는 토모가 반항하기 시작하면서 더욱 악화됐다. 누구 하나 물러서지 않았고 심할 때는 몸싸움까지 벌어졌다고 한다. 부자 관계는 최악으로 치달았는데 엄마 마치코 씨는 갈등의 원인을 남편에게서 찾았다.

"남편은 토모에게 불만이 많았어요. '나는 이렇게 빈틈이 없는데 쟤는 저렇게 흐리멍덩하다, 나는 이런데 쟤는 저렇다'고 하면서 자신과 같지 않다고 화를 내곤 했어요. 토모와 자기를 동일시한 거죠.

아들을 또 다른 인격체로 인정하지 않은 거예요."

그러던 이사오 씨가 변한 건 토모가 고등학교 3학년인 18세 때였다고 한다.

배에서 공기가 빠져나가 호흡이 힘들어지는 병에 걸린 아들이 수술하지 않으면 안 되는 상태가 된 것. 죽을병은 아니지만 전신마취에서 깨어나지 못할 수도 있다는 말을 들은 이사오 씨는 아들이 자기와 동일시할 수 없는 하나의 인격이고 자신에게 매우 소중한 존재라는 것을 비로소 깨달은 것이다.

"그때 쯔카구치 이사오는 쯔카구치 토모의 아버지가 된 겁니다. 그제야 제대로 된 아버지가 된 거죠."

그러나 토모 씨의 기억은 좀 달랐다. 병원 침대에 누워 있는 자신한테 아버지가 한 말은 씻을 수 없는 상처가 됐다고 한다.

"아버지가 화해를 요청하셨어요. 손을 내밀면서요. 저에게 '절대로 죽으면 안 돼. 내가 아버지의 피를 받아서 너라는 아들을 낳았듯이 너도 죽지 말고 살아남아서 손자를 만들어'라는 거예요. 저한테! 뭐지? 그럼 난 이분의 손자를 만들기 위해서 살아야 하는 건가?"

퇴원 후 집으로 돌아왔을 때 아버지는 전과 다른 태도로 자신을 대했지만 토모 씨는 오히려 마음이 더 복잡해졌다고 한다.

가족이 아닌 남이라면 연을 끊으면 그만이다. 그러나 아버지와 아들의 관계는 그렇게 쉽게 정리될 문제가 아니다. 자의든 타의든 혈육은 끝까지 받아들여야 하는 관계, 뭔가 해결되지 않은 묘한 감정을 끌어안은 채 오늘도 내일도 같이 살아야 하는 게 가족인 것이다.

대학에 진학한 뒤, 집을 떠나 이제는 한국에 살고 있는 토모 씨는 아버지와 예전만큼 싸우지 않는다. 싸우지 않는다기보다 피한다는 표현이 맞을 것이다. 토모 씨는 아직 아버지에 대한 청산되지 않은 감정을 갖고 있다.

> "뭔가 부글부글 끓어오를 때가 있어요. 아버지한테 듣고 싶은 말이 있어요. 미안하다는 말이요. 요즘 들어 본인이 좀 잘못은 한 것 같다고는 하는데 끝까지 인정을 안 하세요. 저는 미안하다는 말이 듣고 싶은데…. 그런데 그 말을 들으면 못 살 것 같아요. 듣고 싶은데 듣기 싫은 말이지요."

세상의 많은 아버지는 부모가 되는 법을 배우지 못한 채 아버지가 된다. 알았더라면 아들과의 관계가 달라졌을까? 이사오 씨는 아들이 자신에게 어떤 감정을 품고 있는지 알고 있다. 하지만 아버지로서 그 감

정의 실체와 마주하는 것은 두렵고 용기가 필요한 일이다.

"토모가 첫아이였고 저 스스로도 부모라는 것이 뭔지 잘 몰랐어요. 지금도 잘 모르겠습니다만, 그리 잘했던 것 같지는 않아요. 아들을 어린이로 대하지 않고 논리로만 몰아붙였어요. 하지만 이미 지나간 일은 어찌할 수 없잖아요. 그건 미안하게 생각해요."

그냥 문제를 건드리지 않고 살아가는 게 나을지도 모른다. 외면하고, 덮어 버린 채. 그렇다고 해서 사라지지는 않겠지만 서로 후벼 파는 것보다 낫다고 두 사람은 생각하는지도 모르겠다. 그런데 이런 관계는 이상하게 대물림된다. 상희 씨는 아들 청시와 남편의 관계를 걱정하고 있었다.

아들은 학급 친구와의 관계에서 문제를 겪고 있었다. 새치기를 하거나 싸우고 규칙을 지키지 않는 친구를 보면 들어서 아플 정도로 날카로운 말을 뱉어서 문제가 되곤 했다. 청시는 할아버지와 비슷한 부분이 있다.

"남편은 시아버지한테 견딜 수 없는 부분을 청시한테 발견해요. 규칙을 지키려고 하는 것이 대표적이죠. 이런 것이 아버님하고 되게 유사한 특성이거든요. 남편이 그럼 더 격분해요. 아들한테 함부로 말을 뱉고, 잔혹하게 반응해요."

토모 씨는 굉장히 화를 잘 내는 아빠였다. 하지만 제작진이 관찰한 바로는 청시는 아빠를 좋아했다. 토모 씨는 청시가 좋아하는 음식도 잘 만들어주고, 친구처럼 아들과 게임 이야기도 곧잘 한다. 그러다가 본인이 뭔가에 집중할 일이 있으면 아주 냉정해진다. 아이라 해도, 자신의 시간을 방해하는 걸 용납하지 않는다. 그럴 때는 쌀쌀맞게 소통을 단절해버린다. 어떤 게 진짜 아빠의 모습인지 모를 정도로. 청시는 그런 아빠의 태도 변화에 종종 헷갈려하는 것 같았다.

"아빠는 통하는 듯 안 통하는 듯 잘 모르겠어요. 화를 잘 내요. 너무 화낼 때는 싫은데 말 상대나 친구를 해주면 정말 좋아요."

청시가 학교에서 친구와 싸워 학부모 면담이 있던 날, 토모 씨도 함께 담임선생님을 만나러 갔다. 그런데 면담이 끝나지도 않았는데 토모 씨가 불편한 얼굴로 나와 버렸다. 한참 동안 아무 말 없이 학교 밖에서 마음을 추스르고 돌아온 그에게 이유를 묻자 "아들의 자리가 어디 있나 하고 찾았더니 친구들 사이가 아니라 교탁 바로 옆에 붙어 있는 거예요. 그러니까 금방 혼낼 수 있는 거기가 아들 자리예요. 근데 저도 초등학교 3학년 정도까지는 계속 그랬거든요."라며 쓸쓸하게 답했다.

아들의 모습에서 자신의 아픈 지난날이 떠올랐던 걸까? 그날 토모 씨는 자신과 아들 청시와의 관계에서 위험 신호와 함께 어떤 실마리를 찾은 것 같았다.

"어쩌면 아버지한테 받은 상처라고 해야 하나…. 그런 복잡한 마음을 아버지한테 해소하기보다 청시랑 저의 관계를 좀 다른 방식으로 만들 수 있으면 거기에서 제가 확실히 치유를 받을 것 같아요."

인생에서 가장 처음으로 상처를 주는 가해자는 아마도 혈육일 것이다. 본의는 아니었다 해도. 물론 피해자도 가족이다. 그런데 가해자와 피해자는 언제든 바뀐다. 가족은 서로 상처를 주고 또 상처를 받는, 가해자도 피해자도 될 수 있는 그런 관계이고 존재다.

하지만 잊지 말아야 할 것이 있다. 제일 먼저, 그리고 가장 많이 용서해주는 이들도 가족이라는 것을.

그리고, 가족
손상희와 쯔카구치 토모

일본 오사카 기시와다에 사는 쯔카구치 부부와 한국의 증산동 패밀리는 손상희, 쯔카구치 토모가 부부가 되면서 탄생한 가족이다. 한국과 일본에서 따로 존재하던 두 개의 혈육은 두 사람의 인연으로 하나의 가족이 됐다.

대학원 동기로 만나 결혼에 골인한 상희 씨와 토모 씨는 한·일 간의 국제결혼이었음에도 서로의 가족으로부터 환영받았다. 오히려 상대방 가족으로부터 일본인이라는 이유로, 한국인이라는 이유로 반대할까 봐 걱정할 정도였다고 한다.

마치코 씨는 '결혼하고 싶지 않은 남자 1순위'라고 표현한 아들 토모와 결혼한 상희 씨를 진심으로 좋아했다.

상희 씨도 마찬가지였다. 남편은 밉지만 시부모님이 좋아서 토모 씨와 산다고 말한 적도 여러 번이었다. 상희 씨에게 시어머니는 끝까지 자기 일을 포기하지 않는 전문직 여성이자 자기 자신을 가꾸는 데 솔직한 멋진 여성이었다. 상희 씨는 마치코 씨처럼 나이 들고 싶다고 말할 정도였다.

물론 갈등도 있었다. 며느리 입장에서 시부모가 마냥 좋기만 하겠는가! 상희 씨가 정해놓은 밤 10시 취침 시간을 어기고 손주들과 자정이 가까운 시간까지 노는 시부모님 때문에 상희 씨는 종종 속을 썩였다. 이런 상희 씨를 쓰카구치 부부는 '아이들한테 너무 많이 애쓰면서 스스로를 지치게 하는 엄마'라고 지적했고, 이런 비판에 상희 씨는 발끈했다. 육아 지원군이 필요한 며느리의 요청으로 한국에 오시긴 했지만 좋은 엄마가 되고 싶어 노력하는 상희 씨는 시부모님의 직설에 상처를 받았다.

한국말과 지리에 어두운 시부모를 모시는 일도 큰일이었다. 외출이라도 하려면 통역에, 운전수에, 가이드 노릇까지 모조리 상희 씨 몫이었다. 경제적으로 지원을 받는 입장이라 가족 일에 깊숙이 개입하는 시부모님도 부담이었다.

그렇지만 상희 씨를 가장 힘들게 하는 건 이 모든 일에서 3자인 양발을 빼고 나 몰라라 하는 남편이었다. 갈등이 심할 때는 "나의 생명력

과 에너지와 모든 걸 빨아가는 흡혈귀"라고 남편을 표현했다.

 아내의 나라에 사는 외국인 남편은 다른 부부와 비교해 아내 의존도가 높은 삶을 살 수밖에 없는 게 현실이다. 말을 비롯해 모든 것이 익숙지 않은 환경이니 어쩔 수 없다. 상희 씨도 그 점은 이해했다. 특히 남편이 일본인이라는 것은 어떤 식으로든 주목 받기 마련인데, 상희 씨는 '쯔카구치'라는 성을 쓰는 아이들이 차별을 받을까 봐 각별히 신경을 썼다. 아이들의 진학이나 학교, 공문서 작성과 발급 등의 행정 업무는 모조리 상희 씨가 나서야 한다. 아이들 일에 있어 상희 씨는 '父'의 역할까지 해야 하는 '母'였던 것이다.

 상희 씨는 토모 씨의 일에서도 없어서는 안 될 비서이자 집사 같은 존재였다. 토모 씨는 극단을 이끌 정도로 매우 수준 높고 유창한 한국말을 구사하긴 하지만 상희 씨의 도움이 없으면 안 되는 일이 많았다. 국가가 주는 예술 지원금을 받기 위해 제안서를 쓰고, 토모 씨가 쓴 극본을 한국어로 번역해주는 것은 상희 씨가 해야 했다. 토모 씨가 연극을 올리려면 상희 씨의 인맥도 필요했다. 그 섭외도 상희 씨가 담당했다. 토모즈팩토리의 살림을 책임지는 실질적 대표는 쓰카구치 토모가 아니라 손상희였다.

일과 육아 모두 최고가 되고 싶은 상희 씨는 자는 시간을 줄이면서 매진했다. 이런 상황에서 남편의 일까지 도와주고 있는 자신에게 고마워하지 않는 토모 씨에 대해 부당하다고 생각했다. 상희 씨 마음속에는 아주 크고 깊은 응어리가 있는 것 같았다. 상희 씨는 제작진에게 남편한테 받은 과거의 어떤 상처 때문에 용서가 잘 안 된다고 털어놨다. 대체 뭘까?

두 사람은 결혼을 하고 바로 오스트리아로 유학을 떠났다. 하지만 그곳에서의 생활과 공부는 만만치 않았다. 적응하는 데 애를 먹고 있을 때, 가족과 떨어져 혼자 살고 있던 상희 씨의 아버지가 시한부 판정을 받게 된 것이다. 상희 씨는 아버지를 병간호하기 위해 들어와야 했고, 토모 씨도 아내를 따라 한국에 왔다. 아버지를 보살피던 중에 청시를 낳게 되고, 결국 두 사람은 한국에 정착하기로 한다.

한국에서 먼저 자리를 잡은 건 상희 씨였다. 연출가로 한 대학의 전임 교수까지 된 상희 씨는 매우 의욕적으로 일했는데 결국 토모 씨 때문에 일을 포기했다는 것이다.

"학교 일로 늦으면 5분마다 전화해서 결국은 집에 오게 해요. 학장님하고 회의를 하고 있는데도 전화를 해서 말도 못하는 청시를 바꿔줘요. 어머님이 그러시더라고요. '그럴 땐 전화를 꺼놨어야지'. 근데 그다음에 어떤 일이 벌어지는지 어머님은 모르시거든요. 저는 저의 네트워크, 인간관계, 제가 일했던 공간에서 일을 할 수 없는 여자가 되었어요. 그 일로 마음의 병이 왔죠. 아직은 용서가 안 돼요. 물론 그 사람도 어린 아빠였고 한국에서 힘들었을 거란 걸 알지만 저한테는 너무 가혹한 시절이었어요."

상희 씨가 먼저 학교와 연극계에서 연출가로 커리어를 쌓기 시작하면서부터 부부간에 갈등이 생긴 것이다. 그러나 토모 씨에게도 그럴 만한 사정이 있었다.

토모 씨는 상희 씨 아버지가 돌아가실 때까지 함께 병간호를 했다. 상희 씨 대신 장인의 대소변을 받아냈고 상희 씨 아버지는 사위의 얼굴을 보고 미소를 지으며 임종하셨다. 상희 씨도 그 고마움은 이루 말할 수 없다고 했다.

그러나 현실은 현실이다. 좋아하는 장인어른은 세상을 떠나고, 아내는 먼저 자리를 잡아 바쁘고, 토모 씨는 갈 데도 할 일도 없이 집에 남겨졌다. 한국은 너무 낯선 곳이었다.

"저는 한국에 온 뒤 7년 동안 연극 일을 못 했어요. 그 기간 동안 완전히 가정주부였죠. 둘째 가을이가 태어나고 청시가 초등학교에 들어갈 때까지 계속 그랬어요. 저는 엄마였어요."

매일 집에서 어린 청시와 가을이와 씨름을 하며 살림을 하고, 아기들을 들쳐 업고 시장에 가서 장을 보고 콩국수로 점심을 때우던 그 시절의 토모 씨는, 정신적으로 황폐해져서 바쁘고 잘나가는 아내를 받아들이기 힘들었던 것이다.

상희 씨에 대한 원망은 또 있었다. 연극 일을 하고 싶었지만 네트워크가 없었던 토모 씨는 상희 씨가 하는 일을 도우면서 조금씩 활동을 시작했다. 그런데 어느 날 상희 씨가 '나는 더 이상 너랑 일을 하지 않을 테니 너도 내 인맥을 쓰지 말고 알아서 네 일을 해'라고 자신을 쫓아냈다는 것이다.

"한국말도 익숙하지 않고 친구도, 아는 사람도 하나 없는 상태에서 '너 혼자 해'라고 하는 건 사막에 물 없이 던져놓고서 알아서 살아남으라는 거잖아요. 버림당한 심정이었어요."

상희 씨는 그 일에 대해 항변했다. 남편이 자신이 기획한 작업에 들어와 사사건건 딴죽을 걸고 패악을 부려서 그렇게 같이 붙어 있다가는 둘 다 안 되겠다고 생각했다는 것이다.

"둘 다 살기 위해서는 분리해야 한다고 생각하고 세게 말했는데 남편은 그것을 계기로 정신적으로 무너졌어요. 땅을 쳤죠."

하지만 바닥까지 내려간 토모 씨를 다시 일으켜 세운 것도 상희 씨였다. 남편에게 한예종 입학을 권유했고, 부모님의 지원을 받아 한국에서 다시 연극 공부를 한 토모 씨는 그 네트워크로 지금의 극단을 이끌고 있는 것이다. 2014년 초연한 쯔카구치 토모의 〈사물의 안타까움성〉은 부부의 13년 한이 담긴 결과물이었다.

부부는 서로 씻을 수 없는 상처를 주고 받았다. 두 사람은 서로에게 가해자이자 피해자였다. 물론 앙금은 여전히 남아 있다. 잠잠하다가도 서로에 대한 원망과 분노는 시시때때로 치솟아 서로를 할퀸다. 하지만 그러면서도 함께 살아간다. 서로에게 진저리를 치면서도 말이다.

그들에게 가족은 뭘까? 부부의 대답은 솔직했다.

"부부가 한편이 될 수 있을까요? 개인과 개인인데? 부딪치고 거기서 투쟁도 있고 끔찍한 관계이기도 한데, 버릴 수는 없는…. 잘 모르겠어요. 절대로 버릴 수 없는 그런 관계가 아닐까요?"

"가족은 재편성될 수 있어요. 버릴 수도 있고 때론 외면할 수도 있어요. 그런데 남편과 저는 이렇게 싸우면서도 함께 살고 있어요. 이 싸움을 언제까지 해야 하나 가끔씩 까마득해질 때가 있어요. 그런데 잘 모르겠어요. 같이 사는 이유를."

그 해답을 알고 살아가는 부부가 있을까? 미운 행동을 해도 받아들여지는 게 가족 아닌가? 이렇게 잘 싸우고 거짓이 없는 자신들이 바로 판타스틱 패밀리이기 때문에.

토모 씨의 연극이 순조롭게 공연 중이던 7월 초, 쯔카구치 부부는 증산동에서의 일정을 무사히 채우고 일본으로 돌아갔다. 마치코 씨는 떠나기 전 제작진에게 '잘 싸우고 거짓이 없는 우리 가족이 바로 판타스틱 패밀리'라는 말을 남겼다.

토모 씨과 상희 씨도 공연을 잘 마치고 세 명의 아이들과 함께 부대끼는 일상으로 돌아왔다. 증산동 패밀리는 도돌이표처럼 싸움과 화해를 반복하며 잘 살고 있다. 쯔카구치 부부도 고상하게, 열정적으로 잘 살고 있다고 한다.

토모 씨와 상희 씨는 얼마 후 13년 동안 살던 증산동 빌라를 떠나 좀

더 넓은 곳으로 집을 지어 이사할 계획이라고 한다. 물론 쓰카구치 부부의 도움을 받아서. 큰 집으로 이사를 가면 시부모님은 더 자주, 더 오래 한국에 머물 계획이라고 한다. 그러면 아마 더 많이, 더 큰소리로 싸우면서 또 붙어 있을 것이다.

 이 세상에 완벽한 가족, 이상적인 가족은 없을지 모른다. 판타스틱 패밀리는 무엇으로도 규정할 수도 없고 규격화된 기준이 있는 것도 아니다. 어쩌면 지겹고 원수 같아도 내 곁에 있어주기를 바라는 존재면 모두 판타스틱 패밀리가 아닐까?

 가족이 없는 세상은 상상조차 하기 싫다.

판타스틱 패밀리 그 후
가족의 소중함에 대하여

가족의 소중함은 옆에 있을 땐 잘 알지 못한다. 가족은 늘 내 곁에 있을 것이라는 믿음 때문에 가끔은 그들의 존재가 얼마나 귀하고 대단한지를 잊게 된다.

가족과 보낼 수 있는 시간은 영원하지 않다. 우리는 그 사실을 잘 알고 있다. 하지만 그 생각을 하면서 살아갈 수는 없다. 그냥 가족이 오래도록 내 곁에서 행복하게 있어주길 바라는 마음으로, 그리고 내가 그들에게는 없어선 안 될 존재일 것이라 믿으며 오늘을 살아간다.

옆에 없으면 더 선명해지는 가족의 흔적. 보고 싶어도 볼 수 없을 때, 우리는 비로소 깨닫는다. 가족과 보내는 평범한 일상이 얼마나 귀중한

것인지를.

　이선경, 김제박 부부에게 가족은 치유하기 힘든 아픔이다. 2016년 1월, 부부는 사랑하는 딸 유나를 잃었다. 미국에서 유학 중이던 유나는 불의의 교통사고로 세상을 떠났다. 열아홉 살, 생을 마감하기엔 너무 가혹한 나이. 이선경, 김제박 부부가 본 딸의 마지막은 뇌사 상태로 누워 있는 모습이었다. 잘 웃고 노래 부르는 것을 좋아했던 딸은 마지막 인사 대신 생명이 절실한 27명에게 장기를 기증하고 가족의 곁을 떠났다.

　유나는 지금 고향 제주도에 잠들어 있다. 이선경, 김제박 부부는 일상을 살고 있지만 그 안에 딸 유나는 없다.

　부부는 가끔 딸의 장기를 받은 사람들을 통해 딸을 느끼고 위안을 받는다고 한다.

"유나의 심장을 받으신 분에게 연락이 왔거든요. 33세의 여의사인데 그래도 우리 유나가 어딘가에서 숨을 쉬고 있구나 하는 생각이 들었지요."

딸의 일부분은 다른 사람의 삶으로 다시 태어났다. 하지만 딸을 대신할 수는 없다.

이선경, 김제박 부부는 딸의 흔적이 남아 있는 사진과 스마트폰 속 영상을 꺼내 보며 채워지지 않는 그리움을 달랬다. 유나가 유학 시절 가족에게 보낸 편지 속엔 엄마, 아빠를 걱정하고 동생들을 생각하는 마음이 흘러넘쳤다.

부부의 기억 속에 딸 유나는 어떤 모습으로 남아 있을까?

"'엄마, 나 가수하면 안 돼?' 할 정도로 노래 부르는 것을 좋아했어요. 공부해야지 무슨 가수냐고 했는데 이렇게 갈 줄 알았으면 그냥 놔둘걸…. 웃는 것 하고 노래 부르는 모습만 기억에 남은 것 같아요."

부부가 소중하게 간직하고 있는 영상 속 유나는 모두 웃고 있거나 노래를 부르고 있다. 외국에서 공부하느라 멀리 떨어져 있었던 가족들 보

라고 남긴 영상 메시지들, 이제는 유품이 되어버린 유나의 영상들⋯. 제작진은 논의 끝에 이 영상으로 유나를 부활시키기로 했다. 홀로그램으로 유나를 되살리기로 한 것이다.

홀로그램은 해외에 많은 팬을 거느린 한류 스타의 뮤직비디오나 문화예술의 현장에서 많이 사용되는 3차원 영상 기법이다. 최첨단 기술을 이용해 실물과 똑같이 사람을 구현할 수 있는데, 근래에는 요절한 힙합 레전드 투팍이나 중국인들이 사랑하는 국민가수 등려군 등 고인이 된 전설의 뮤지션을 부활하는 데 사용돼 큰 화제가 되기도 했다. 바로 이 홀로그램으로 가족이 기억하고, 가장 보고 싶어 하는 유나의 모습을 재현하기로 한 것이다.

매우 조심스럽게 진행된 유나의 홀로그램 프로젝트는 고인을 기술적으로 복원하기보다 가족에게 유나를 다시 되새겨볼 수 있는 '시간'을

선물하는 쪽으로 방향을 잡았다. 아무리 완벽하게 복원한다 해도 생전의 유나를 대신할 수는 없으니까.

몇 달간의 작업 끝에 유나의 고향이자, 가족이 살고 있는 제주도에서 가족이 기억하는 유나를 부모님 앞에 불러냈다. 비록 홀로그램이었지만 유나의 부모님은 딸을 보며 웃고 울었다. 그리고 너무 급하게 떠나느라 말할 기회가 없었던 딸에게 조금 늦은 마지막 작별의 말을 남겼다.

"아빠 만나는 순간까지 어쨌든 잘 지냈으면 좋겠어. 그 어느 날 다시 만날 거니까. 천국에서, 유나야 잘 지내~"

"너를 만날 그날까지 엄마 씩씩하게 잘 지내다 갈 테니까 그때 만나면 못 다한 얘기 많이 하자. 사랑해!"

부모님의 마음이 부디 유나에게 닿기를 바란다.
우리가 별 생각 없이 보낸 가족과의 평범한 오늘 하루가 누군가에겐 함께하고 싶어도 할 수 없는 내일일지 모른다. 가족을 볼 수 있고 만질 수 있다는 것이 우리에게 주어진 큰 축복이라는 것을 옆에 있을 땐 알지 못한다.

하나뿐이어서, 대체할 수 없어서, 그래서 잃을까 봐 두려운 존재. 그들이 바로 곁에 있는 가족이라는 것을 모두가 알게 되기를 바란다. 가족에게 마음을 전할 기회와 시간은 생각만큼 많지도 길지도 않다.

세계 시민 600명의 가족에 대한 생각
가족은 뭘까?

〈판타스틱 패밀리〉 4부작을 제작하면서 우리가 전 세계에서 만나 인터뷰한 사람들은 대략 600여 명이었다. 다큐멘터리 제작 환경을 생각한다면 놀랄 만한 수치다. 방송사 안팎에서도 무슨 사람을 그렇게 많이 만나느냐고 했을 정도로 무모한 시도이기도 했다. 하지만 가족에 대한 사람들의 솔직하고 적나라한 속마음을 듣는 것은 이번 제작에 있어 매우 중요했다. 사람들의 생각이 곧 프로그램에서 말하고자 하는 주제이자 제작 방향이었고, 프로그램의 기본 재료이자 근간이었으니까.

제작진은 한국, 일본, 미국, 영국, 프랑스, 벨기에 등 아시아, 북아메리카, 유럽 총 3대륙, 7개 나라, 80여 개 장소에서 600여 명의 사람을 만

나 물었다.

'가족이 뭘까요?'
'가족은 당신에게 어떤 존재인가요?'

사람들의 처음 반응은 뜻밖이었다. 가족에 대한 첫 질문에 사람들은 선뜻 대답을 하지 못한 것이다. 가족에 대한 이야기가 쉽게 술술 나올 거라고 생각했는데 제작진도 전혀 예상치 못한 반응이었다.

왜 이런 반응이 나올까? 그 이유는 시간이 좀 흐른 뒤에 알 수 있었는데 사람들이 쉽사리 입을 떼지 못했던 것은 '가족은 공기처럼, 물처럼 늘 옆에 있는 게 당연해서 미처 생각해보지 않았기 때문'이었다.

그랬다! 가장 가까이에 늘 있는 존재였기에 존재감이 없었던 사람들, 그러나 실제로는 존재감이 없는 게 아니라 매일 느끼고 깨닫기에 그 존재의 크기가 너무 큰 사람들이 바로 가족이었던 것이다.

제작진이 던진 질문 가운데 사람들이 가장 뜨겁게 반응했던 것은 '로봇이 가족이 될 수 있는가?'였다. 이 질문에 대한 사람들의 반응은 희한하게도 나라별로 갈라졌다.

일본 사람들은 대체로 긍정적이었다. 아톰이나 도라에몽같이 친근감 있는 로봇 캐릭터들이 생활 깊숙이 침투한 환경의 영향을 받은 탓인지 로봇에 대한 거부감이 가장 작았다. 로봇과 가족도 되고 감정도 나누며 한집에서 잘 살 수 있을 것 같다는 대답이 많았다.

반면에 영국이나 프랑스, 벨기에 등에서 만난 시민들의 반응을 한마디로 표현하면 '어림 반 푼어치도 없는 소리', '말도 안 돼'였다. 질문 자체에 민감하게 반응하며 단호하게 대답했다. 이른바 '소울(Soul)'이 없는 물건과 가족이 될 수 없다는 태도라 '로봇과 감정을 나눌 수 있느냐'는 다음 단계의 질문으로 가는 것도 힘들었다.

미국에서 만난 사람들은 '로봇이 가족이 될 수 있느냐'는 질문에 매우 흥미롭다는 반응이었다. 일본처럼 로봇 산업이 발달하고 로봇 애니메이션도 인기가 많아서 그들의 대답이 기대가 됐는데 정작 대답은 '로

봇을 집안의 도우미로 들일 수는 있지만 그것은 도구의 역할일 뿐, 가족은 힘들다'였다.

한국에서 만난 사람들의 대답이 가장 흥미로웠다. 거의 반반으로 갈렸는데 신기한 것은 어르신들의 반응이었다. '피붙이가 곧 가족이지' 하면서도 로봇과 가족이 될 수 있다고 말해서 좀 의외였다. 인터뷰에 응한 분들 중에는 반려동물과 로봇을 동급으로 생각하는 분도 있었고, 집에 있는 로봇 청소기에 이름을 붙이고 자식처럼 애지중지하는 분들도 있었다.

가족에 대한 사람들의 속마음은 앞서 여러 에피소드에서 언급했듯이 대부분 이중적이었다. 600여 명의 대답을 분류해보면 다음과 같다.

'가족은 나의 전부이고 가장 소중하고 없어선 안 될 존재'
'조건 없는 사랑과 희생을 바칠 수 있는 존재'
'핏줄, 피붙이'
'남보다 못 할 때, 차라리 없었으면 좋겠다고 생각이 드는 존재'
'가족이어서 오히려 솔직하게 말할 수 없는 존재'
'가장 상처를 주고 자신의 삶을 나에게 강요하는 존재'
'가장 힘들게 하지만 힘들 때는 가장 먼저 생각나는 존재'
'짐이고 족쇄고 굴레'

'태생으로 결정지어지기보다 스스로의 선택으로 만들고 싶은 집단'
'기꺼이 책임질 수 있고 내 모든 것을 바쳐도 아깝지 않은 존재'
'영원한 내 편'
'가장 만만한 지원망, 지원체계'

가족의 개념과 구성원은 변하고 있다. 하지만 사람들이 가족에게 바라는 점은 변하지 않는다. 누가 됐든 가족은 언제나 '영원한 내 편', '든든한 나의 지지대'가 되어주길 사람들은 바란다.

세상이 변해서 혈육은 물론 남도, 이웃도, 개도, 고양이도, 로봇도 가족이 되고 있다. 애정과 신뢰를 갖고 자신이 받아들일 수 있는 그 누구든, 그 무엇이든 가족이 되는 현실 앞에서 한 가지 기억해야 할 것이 있다.

당신이 바로 판타스틱 패밀리라는 것을. 당신의 가족에게 당신이 없어서는 안 될 판타스틱 패밀리라는 것을. 판타스틱 패밀리인 당신은 정말 소중한 사람이라는 것을.

| 에필로그 | **'가족은 무엇일까?'라는
질문에서 출발한 여정** |

인간도 결국은 동물 중 하나에 불과합니다.

그럼에도 불구하고 과학기술, 학문, 민주주의, 자유경제 등 지구상에 이뤄놓은 많은 것들을 내세우며 차별된 우월감을 부르짖죠. 하지만 손끝 하나만 다쳐도 웅크리고, 배고프면 먹을 것부터 찾는 모습은 다른 동물들과 크게 다르지 않습니다. 일단 내가 아프지 않고 배고프지 않아야 주변을 둘러보게 된다는 점에서 말입니다.

그런데 가족은 그런 '동물'에게 매우 예외적인 집단입니다. 내가 배고픈 데도 먹을 것을 쪼개 나눠주고 내가 다칠 것을 무릅쓰고도 지켜주는 그런 존재니까요. 많은 시간을 함께 보내면서 때로 싸우기도 하지만 또 언제 그랬냐는 듯 금세 웃으며 친밀하게 지냅니다. 이런 모습은 인간 뿐아니라 개, 고양이, 사자, 호랑이 같은 동물들에게서도 볼 수 있습니다. 도대체 왜 그럴까요?

tvN 10주년 다큐멘터리 〈판타스틱 패밀리〉는 '가족은 무엇일까?'라는 근원적인 질문에서 출발했습니다. 가족은 가족이니까 당연하다고 생각할 수도 있습니다. 하지만 지난 1년 동안 세계 곳곳에서 우리가 만난 지구촌 사람들은 당연할 것 같았던 가족의 정의와 의미가 생각만큼 단순하지 않다는 걸 직접 보여줬습니다. 그런 다양한 가족의 모습과 의미를 우리는 최선을 다해 이 작품에 담으려고 노력했습니다.

〈판타스틱 패밀리〉와 함께 한 지난 1년은 제작진에게도 가족의 의미를 되돌아보고 곰곰이 생각하게 한 소중한 시간이었습니다. 많은 사람과 그들의 가족들을 만나면서 나와 우리 가족은 어떤지 수없이 비교하고 맞춰보고, 또 반성하는 기회를 가졌죠. 프로그램을 기획하고 방대한 자료 조사와 취재, 이를 바탕으로 한 촬영, 그리고 이야기 구성을 통해 세상에 작품을 내놓기까지의 과정은 생각보다 쉽지 않았습니다. 누구나 다 아는 이야기를 뻔하지 않게, 그리고 의미있게 해야 했기 때문입니다. 우리의 땀과 노력이 그 바람을 이뤘는지는 시청자들이 판단할 겁니다.

그래서 다큐멘터리 〈판타스틱 패밀리〉가 책으로 나온 건 제작진에게도 상당히 의미가 있는 일이라고 생각합니다. 나와 우리를 넘어 '제3자'가 〈판타스틱 패밀리〉의 가치를 인정해, 영상이 아닌 책으로까지 콘텐츠의 영역을 넓히는 계기가 됐기 때문입니다. 〈판타스틱 패밀리〉를 책으로 출간해 시청자와 더불어 독자까지 확보할 수 있게 해주신 〈중앙북스〉 관계자분들께 감사의 말씀을 드립니다. 그리고 지난 1년의 노력을 담은 이 다큐멘터리를 한 권의 책으로 탄생시켜주신 남송희 작가님, 너무 수고하셨습니다.

영양이 풍부하면서도 맛있고 값도 싼 음식을 만드는 것은 쉽지 않습니다. 사실상 불가능하죠. 마찬가지로 제작비는 최대한 줄이면서 의미도 있고 재미도 있는 프로그램을 만들기는 쉽지 않습니다. 갈수록 더 자극적이고 더 오락적인 콘텐츠만 살아남고 환영받는 최근의 방송 환경에서 '의미도 있고 재미도 있는 다큐멘터리'라는 실체 없는 무리한 (?) 목표를 쫓아 끝까지 동행해준 남기선, 양진우, 이민주, 김종헌, 김민지, 임종은 PD에게 진심으로 감사의 말을 전합니다. 끝없이 이어지는 힘든 촬영 현장에서도 항상 웃음을 잃지 않으셨던 롤링 양진영, 김형준 카메라 감독님에게도요. 남송희 작가님과 윤혜림, 윤지희 작가님. 막강한 우리 작가 팀이 없었다면 이 여정은 불가능했을 겁니다. 우리 제작진이 제게는 〈판타스틱 패밀리〉입니다.

아무쪼록 이번에 출간한 《당신은 누구와 함께 살고 있습니까?》가 더 많은 사람에게 가족의 의미를 생각해보고 진정한 가족을 찾는 계기가 됐으면 좋겠습니다. 지치고 상처받았을 때, 더 이상 떨어질 수 없을 만큼 아래로 떨어졌을 때, 웅크리고 돌아가 아무 말 없이 안겨 흐느낄 가족이라는 존재는 우리 모두에게 필요하니까요. 사람이든 동물이든, 혹은 로봇이든 말입니다.

tvN 교양기획제작CP 책임프로듀서 이상록

당신은 누구와 살고 있습니까?

초판 1쇄 2017년 4월 18일

지은이	tvN 〈판타스틱 패밀리〉 제작팀
발행인	이상언
제작총괄	이정아
편집장	한성수
기획·편집	조한별
디자인	김아름
발행처	중앙일보플러스(주)
주소	(04517) 서울시 중구 통일로 92 에이스타워 4층
등록	2008년 1월 25일 제2014-000178호
판매	1588-0950
제작	(02) 6416-3950
홈페이지	www.joongangbooks.co.kr
페이스북	www.facebook.com/hellojbooks

ⓒ tvN, 2017

ISBN 978-89-278-0855-8 03330

- 이 책은 저작권법에 따라 보호받는 저작물이므로 무단 전재와 무단 복제를 금하며 책 내용의 전부 또는 일부를 이용하려면 반드시 저작권자와 중앙일보플러스(주)의 서면 동의를 받아야 합니다.
- 책값은 뒤표지에 있습니다.
- 잘못된 책은 구입처에서 바꿔 드립니다.

중앙북스는 중앙일보플러스(주)의 단행본 출판 브랜드입니다.